DESACELERA

GABRIELA BRASIL

DESACELERA

Organizando a vida com humanidade e leveza

Benvirá

- A autora e a editora se empenharam para citar adequadamente e dar o devido crédito a todos os detentores de direitos autorais de qualquer material utilizado neste livro, dispondo-se a possíveis acertos posteriores caso, inadvertida e involuntariamente, a identificação de algum deles tenha sido omitida.

- Direitos exclusivos para a língua portuguesa
  Copyright ©2024 by
  Benvirá, um selo da SRV Editora Ltda.
  Uma editora integrante do GEN | Grupo Editorial Nacional
  Travessa do Ouvidor, 11
  Rio de Janeiro – RJ – 20040-040

- **Atendimento ao cliente: https://www.editoradodireito.com.br/contato**

- Reservados todos os direitos. É proibida a duplicação ou reprodução deste volume, no todo ou em parte, em quaisquer formas ou por quaisquer meios (eletrônico, mecânico, gravação, fotocópia, distribuição pela Internet ou outros), sem permissão, por escrito, da **SRV Editora Ltda.**

- Capa: Tiago Dela Rosa
  Diagramação: Adriana Aguiar

DADOS INTERNACIONAIS DE CATALOGAÇÃO NA PUBLICAÇÃO (CIP)
ODILIO HILARIO MOREIRA JUNIOR – CRB-8/9949

B823d   Brasil, Gabriela
Desacelera: organizando a vida com humanidade e leveza. / Gabriela Brasil. –
    São Paulo: Benvirá, 2024.

224 p.
ISBN 978-65-5810-399-8 (Impresso)

1. Autoajuda. 2. Organização. 3. Trabalho. 4. Humanização. 5. Calma.
6. Respeito. 7. Tranquilidade. 8. Sensibilidade. 9. Natureza. 10. Equilíbrio. I. Título.

                        CDD 158.1
2024-2246   CDU 159.947

Índices para catálogo sistemático:
1. Autoajuda   158.1
2. Autoajuda   159.947

*Dedico este livro a todos os que aspiram
a viver com (c)alma.*

A TARTARUGA

Desde a tartaruga nada era veloz.
Depois é que veio o forde 22
E o asa dura (máquina avoadora que imita os
pássaros, e tem por alcunha avião).
Não atinei até agora por que é preciso andar
tão depressa.
Até há quem tenha cisma com a lesma porque
ela anda muito depressa.
Eu tenho.
A gente só chega ao fim quando o fim chega!
Então pra que atropelar?

MANOEL DE BARROS
Compêndio para uso dos pássaros
(Poesia reunida 1937-2004)
Quase Edições, 2007

Sumário

Prefácio 11

Introdução 17

Capítulo 1 | Um novo ritmo 27

Capítulo 2 | O Vale dos Cansados da Alta Performance 37

Capítulo 3 | A estrada dos distraídos 49

Capítulo 4 | A navegação dos afogados 57

Capítulo 5 | O caminho do cuidado 69

Capítulo 6 | Natureza como guia 81

Capítulo 7 | Tempos de ser humano 105

Capítulo 8 | Somos cíclicos, somos comunidade 123

Capítulo 9 | Adaptando a rota 145

Capítulo 10 | (Re)conexão 175

Capítulo 11 | Descansar é preciso 191

Considerações finais.. 209

Agradecimentos 213

Referências... 215

Prefácio

Quando tudo começou a desacelerar

Como muitos seguidores de Gabriela Brasil, eu também a encontrei num momento em que minha vida estava um verdadeiro caos. Eu precisava de ajuda e não sabia nem por onde começar. Sempre mantive uma organização mínima com *planners* e agendas, mas daquela vez minha vida tinha tomado outra proporção, por conta de diversas oportunidades que estavam surgindo e, consequentemente, gerando muitas tarefas simultâneas. Eu estava perdida.

Foi em uma busca na internet que encontrei Gabriela Brasil, enquanto tentava achar mais uma ferramenta de organização que, na minha cabeça, iria me salvar da bagunça que eu estava vivendo. Quando vi o primeiro vídeo dela no YouTube, fiquei maravilhada, e logo comecei a maratonar o canal. À medida que explorava o conteúdo, fui percebendo que o trabalho dela ia muito além de ferramentas e técnicas. Tudo o que ela dizia fazia muito sentido para as dores que eu estava sentindo naquele momento da vida.

Decidi fazer o Laboratório de Produtividade, o curso mais aprofundado que Gabriela tinha na época, e fiquei encantada com o conhecimento compartilhado. Gabriela me fez perceber que a organização não tinha relação apenas com produtividade, mas também com algo muito maior: com nós mesmos e a nossa vida. O trabalho é só mais um item nesse pacote.

Um dos momentos mais marcantes foi quando, em um exercício, Gabriela pediu para que a gente calculasse quanto tempo dedicava a cada atividade do nosso dia. Foi um choque de realidade perceber que, em um dia de 24 horas, eu precisava de, pelo menos, 34 horas (???) para fazer tudo e, dentro desse número impossível, dedicava menos de uma hora (!!!) a mim mesma. Esse exercício me fez refletir por dias! Ele me mostrou a necessidade de equilíbrio e me levou usar a metodologia de Gabriela Brasil nas práticas do dia a dia.

O curso transformou minha rotina e, mais do que tudo, me ajudou a ver a organização de uma maneira completamente nova. Senti que precisava compartilhar com Gabriela algumas sugestões de como potencializar ainda mais aquele conhecimento para que mais pessoas pudessem ter experiências similares às que tive com o curso. Então, enviei para ela uma lista de dicas para melhorar o processo. Embora estivesse cheia de receio dela me achar petulante, desejava muito contribuir. Para minha surpresa, ela respondeu prontamente, interessada em ouvir minhas ideias. Foi o início da nossa parceria profissional, que se transformou em amizade.

Acho que aqui vale um disclaimer: sou doutora na área de aprendizagem não convencional com pós-doutorado em Design e tenho uma consultoria de Design Estratégico e Adaptabilidade aos Futuros. Uma das minhas especialidades é projetar práticas inovadoras de aprendizagem e ensino, de maneira que o processo de aprender seja uma experiência mais prazerosa e significativa para as pessoas.

Gabriela e eu trabalhamos juntas para aprofundar o estudo de sua metodologia a fim de torná-la mais forte por meio de pesquisa científica. Analisamos as melhores práticas do mercado, conseguimos perceber padrões e identificamos onde estava o *molho*, o diferencial dos caminhos do conhecimento da Gabriela Brasil: o olhar humanizado no processo de organização. Nas aulas e nos vídeos, ela mesma falava sobre ter o cuidado consigo mesmo no processo de organização, mas, na metodologia, explorava menos do que poderia sobre o tema.

O próximo passo de exploração foi o teórico. A primeira metodologia dela já era bem robusta no embasamento, pois, quando Gabriela se dispõe a entender algo, ela mergulha com força e bem fundo para entender cada pedacinho do que deseja compartilhar com outras pessoas. E, como sou desse mesmo time nerd, o mergulho que fizemos juntas na parte teórica foi fortíssimo, alinhado aos campos teóricos mais contemporâneos. Buscamos em áreas como Psicologia do Comportamento, Design Circular, Design Centrado no Ser Humano, Biomimética, Economia Regenerativa, Processos de Aprendizagem, diversas áreas de Autoconhecimento e, claro, de Organização.

E de repente, boom! Uma pandemia atravessa nossos trabalhos, nossos planos, nossa organização! Preocupações mudaram. Objetivos foram realinhados. E o mundo, que nunca para, em questão de dias, desacelerou e parou quase por completo. Ficamos todos tomados por medo e angústia, e não apenas por culpa da doença mortal. A maior preocupação era: se a gente não produzir, a gente não vive! O capitalismo veio com força nos mostrar isso, mas a natureza não mediu esforços para nos contar também que o mundo acelerado da produtividade estava muito fora do eixo da vida.

Agora, nesse contexto de medo e sobrevivência global, quem iria se importar com organização? Somente quem a entende como processo da vida e não apenas de produtividade. Quem teve a sorte de beber da fonte de conhecimento de Gabriela Brasil, que sempre demonstrou na prática as falas potentes de Chico Science; é justamente porque se tem uma organização que é possível se desorganizar. A natureza estava nos chamando para refletir e desorganizar o status quo. Tornou-se essencial desacelerar, organizar-se e buscar alternativas de vida mais sustentável.

Com a pandemia, organizar a metodologia de Gabriela Brasil se tornou uma tarefa ainda mais importante, porque os contornos da metodologia já se apresentavam como um sistema que ajudaria as pessoas a olhar de maneira holística para as situações, organizar melhor os cenários possíveis e testar caminhos mais organizados de ações, com mais racionalidade, mas também com mais empatia e conexão consigo mesmo e com o outro. Mais do que nunca, era necessário saber equilibrar o mundo natural com o digital, mesmo porque este último tinha se tornado o único mundo possível para muitas pessoas naquele momento da pandemia.

Como atravessamentos no processo de organização nunca vêm de um ponto só, nesse mesmo período aconteceram mudanças bruscas e inesperadas na vida pessoal de Gabriela. Mudanças do tipo que tira nossa mente do lugar. Cada vez que a gente conversava sobre todas as transformações e incertezas que a vida estava nos mostrando, mais a metodologia se fortalecia.

O livro *Desacelera* é uma representação fiel da jornada de Gabriela nesses últimos anos, mostrando de maneira didática e acessível todo o potencial não só da metodologia, mas da abordagem que se construiu em volta do ecossistema de conhecimento e aprendizagem que a Gabriela Brasil oferece.

O poder do ecossistema de Gabriela Brasil está na sua capacidade de transformar vidas, não apenas através de organização e produtividade, mas também de reconexão com a essência humana. Gabriela sempre diz: "Se você não toma conta da sua agenda, outra pessoa toma conta por você." Este livro é um convite para que você desacelere o modo automático, retome as rédeas da sua vida, transforme sua rotina e se reconecte com o que realmente importa, com o que é essencial.

A organização que Gabriela promove não é para fazer mais, mas para viver melhor. É uma metodologia que ensina a organizar para que possa, paradoxalmente, desorganizar e viver com mais plenitude.

Foi incrível ver como tudo o que Gabriela Brasil planejou lá nos idos de 2019 está se concretizando agora, incluindo este livro. O título do livro não se refere apenas a andar devagar; é um chamado a entender e controlar o seu processo, reconectar-se consigo mesmo e com a natureza, e viver a vida da maneira que sempre sonhou.

Gabriela compartilha uma nova perspectiva de vida, centrada no bem-estar e na verdadeira essência humana. Ela nos mostra uma forma poderosa de nos reconectar e reequilibrar, mesmo com o mundo acelerado tentando nos empurrar para o lado oposto.

Calma. Respira. Desacelera.

LEILA RIBEIRO
PhD em Ciência da Informação
Mestre em Linguística Aplicada
Mestre em Design
Com Pós-doutorado em Design
Cofundadora da Sala
Evangelizadora da palavra de Gabriela Brasil (haha)

Introdução

Estou muito cansada

> Vulnerabilidade tem a ver com compartilhar nossos sentimentos e nossas experiências com pessoas que conquistaram o direito de conhecê-los.
> BRENE BROWN

São Paulo, 10 de dezembro de 2017. São 6h33. Domingo. Escrevo sentada da minha cama no Airbnb em Sumaré. Os passarinhos cantam lá fora, a cama é confortável, não faz calor nem frio. Não há barulho. Não tenho nenhum compromisso na minha agenda de hoje. Mas já é a segunda vez na semana que passo a noite em claro. E resolvi abrir o jogo. Esta carta vai ser longa. Eu espero e preciso que você fique comigo até o final.

Nunca tive insônia na minha vida. Na verdade, quem me conhece sabe que eu me organizo para manter minhas sagradas oito horas de sono e que eu durmo na maior facilidade, desde criança. O fato de eu não estar pregando o olho me aterroriza e, ao mesmo tempo, me faz ver que alguma coisa não está funcionando. Se eu não estou dormindo, o que está acontecendo?

Já faz quatro semanas que não escrevo. Quatro semanas que não entrego conteúdo novo para minha rede e estou sofrendo de estresse por conta da sobrecarga de trabalho. E eu preciso falar mais sobre isso porque, de alguma forma, sinto que, tirando esse sentimento da mente e colocando no papel, poderei descansar.

Sinto liberdade para falar sobre essas coisas por aqui. Você me deu essa liberdade. Escolheu me ler. Neste momento, estou pedindo encarecidamente que você apenas faça isso, que me empreste um pouco os seus olhos para seguir estas linhas que nem nasceram e já me fazem tremer na base. Este assunto é difícil para mim, então, por favor, me receba com carinho.

Há alguns anos estou trabalhando com organização. No início da minha jornada, não me considerava uma empreendedora. Na verdade, eu realizava serviços para clientes indo até suas casas e escritórios para organizar a bagunça. Alimentava um Instagram com alguns "antes e depois" dos espaços que eu arrumava. Escrevia no blog posts no estilo "como fazer" para mostrar o caminho das pedras aos outros. Não tinha ninguém me ajudando com nada. Contabilidade, marketing, administração, atendimento, vendas, logística – era tudo comigo. Minhas costas doíam com frequência, mas minha mente não sentia nada. Fechava um cliente, ia ao trabalho, me descabelava organizando as coisas, suava com o sobe e desce de caixas. Depois voltava para casa, trabalhava nas demandas do dia, organizava minha própria vida, dormia como um bebê.

Eu era um frila. Um profissional freelancer (também conhecido como frila) é aquele que se autoemprega e guia seus trabalhos por projetos. Um freelancer vai fazendo captação de clientes de maneira independente, por meio de anúncios em redes sociais ou do boca a boca. O frila trabalha de maneira autônoma ao prestar serviços para pessoas, empresas, organizações etc. O trabalho exige, sim, muita organização, pois o profissional pode lidar com diversos projetos ao mesmo tempo.

Enquanto está assumindo esse papel, o frila também tem que lidar com contabilidade, gestão do tempo, entrega de projetos, marketing e, por isso, pode se confundir com um empreendedor. Era o que acontecia comigo. Afinal, eu tinha o controle do meu tempo, decidia quando e para quem trabalhava, não ficava batendo ponto e esperando o meu salário no final do mês. Eu decidia quanto valia cada um dos meus projetos, emitia nota fiscal e declarava meu imposto como microempreendedor individual (MEI).

No entanto, empreender vai além disso. É quando o profissional desenvolve uma solução para uma necessidade ou problema. E essa solução pode vir na forma de produtos ou serviços. O empreendedor toma, além da prestação e entrega, o papel de criar algo novo, assumindo riscos pela sua obra. Empreender significa gerar mudança, obtendo lucro para se manter de maneira estável e crescer o negócio. Seu trabalho não é impulsionado apenas pelo pagamento no final do projeto; ele se alimenta do desejo de transformar e prosperar, trazendo mudança para o mundo e para o bolso. O empreendedor nunca está satisfeito – ele tem uma visão. Não precisa de um contrato para começar a trabalhar e agir. Simplesmente sonha e trabalha para que seu sonho se torne realidade, muitas vezes sem entrar nenhum centavo na conta.

Não há nada de errado em ser frila. É preciso muita coragem para começar a trabalhar por si mesmo, controlar sua agenda, assumir a instabilidade dessa carreira. Também não estou glorificando o empreendedorismo, pois, como percebi e minhas olheiras não me deixam mentir, há muita carga pesada ao empreender.

E é sobre isso que eu preciso falar.

Até o segundo ano da minha carreira como profissional de organização, eu não empreendi. Só comecei quando me mudei para fora do Brasil e precisei de um trabalho que funcionasse na minha nova realidade. Enquanto morava no Rio de Janeiro, eu prestava serviços e sabia o caminho para ajudar os meus clientes a organizarem seus

Introdução 19

espaços físicos e digitais. Quando mudei para a Califórnia, sequer tinha permissão para trabalhar em outras coisas. Foi quando entendi que, para continuar trabalhando para mim mesma, precisaria criar algo que ainda não existia.

Até então, eu organizava *para* as pessoas, às vezes *com* as pessoas. Quando elas me pagavam, eu ia atrás do próximo projeto. O trabalho não era pouco nem fácil, mas eu ganhava bem. No meu primeiro e segundo ano de frila, ganhei muito mais dinheiro do que no meu primeiro ano como empreendedora. Ô se ganhei! Os primeiros meses na Califórnia foram sofridos, com pouquíssimos reais entrando na minha conta, e cada dólar valia muitos reais.

Então, em agosto de 2015, decidi criar um negócio. Eu já tinha um CNPJ, mas ainda não tinha juntado todo conhecimento nem formatado meu primeiro empreendimento. Havia criado um curso, é verdade, e não diminuo meu mérito – ele já era um sinal de que minha praia era mesmo empreender. Eu queria ajudar os outros, ensinar o poder da organização, mostrar a eles que não precisavam de mim para ter suas vidas organizadas; bastava entender o método e aplicá-lo em suas vidas.

Foi o que fiz. Formatei consultorias on-line e infoprodutos. Abri o leque. O volume de coisas foi aumentando com o tempo.

Fechei 2017 com orgulho dos meus números, alcançados em apenas dois anos de negócio no mundo digital. Hoje, vendo praticamente todo dia, recebo feedbacks positivos, tenho metas para aumentar minhas vendas e crescer a empresa. Boa parte de tudo isso foi realizada com pouca estrutura, quase nenhuma grana e muito tempo investido.

Hoje, minha empresa não é só eu, e só Deus sabe o quanto eu sou grata por ter pessoas me ajudando! Sem elas, eu não conseguiria dar conta de oferecer serviços personalizados, manter produtos diferentes no mercado, escrever e lançar um livro, realizar o direcionamento estratégico da empresa, prospectar novos clientes, manter um blog e um canal no YouTube e preparar minhas aulas.

A empresa tem muito mais lucro hoje do que tinha anos atrás. E muito mais despesas. Invisto continuamente em especialização, livros, cursos, associações. Faço networking, viajo para encontrar clientes e alunos e me esforço para estar ao lado de quem admiro, pois é junto dos *bão* que a gente fica *mió*. Exponho-me diariamente nas redes para mostrar os altos e baixos de empreender, os picos e vales da produtividade. E confesso a vocês que choro ao escrever estas linhas, porque sei que isso tudo é escolha minha. Amo o que faço e tenho muito orgulho de tudo que construí e do caminho que venho trilhando. Estou fazendo um bom trabalho. Estou dando o meu melhor.

E também estou *muito* cansada.

Há duas semanas, tive minha primeira crise de estresse como empreendedora. Literalmente arranquei meus cabelos e gritei comigo mesma. Bati em mim mesma, de raiva, de desapontamento. Me feri. Nem sei por que estou relatando isso. Mas preciso tanto desabafar... Estou estressada, não durmo e esqueço de comer com frequência. E quem me acompanha sabe, sabe bem, o quanto eu valorizo o equilíbrio e a harmonia na vida.

Minha missão é ajudar as pessoas a se transformarem a partir da organização. E, como faz com todo mundo, a vida me pega e me desorganiza. Eu analiso a situação, escuto o incômodo, entendo o recado, ergo a cabeça e continuo seguindo em frente. Tenho uma vontade louca de viver que me faz levantar da cama todo dia. Entendo por que o recado chega para mim.

Meu trabalho me traz recompensas diárias: todo dia recebo mensagens de alguém que foi ajudado por algo que eu criei. Essa é a minha gasolina e toda manhã, ao nascer o dia, agradeço ao universo cada pessoa que escolheu estar comigo, chegou até mim e me proporciona a alegria de realizar meu propósito. Se você me segue, é meu cliente, meu aluno, ou apenas se identificou com o meu trabalho, eu já rezei muito por você. Acredite.

Rezei para que você pudesse superar sua bagunça, vencer sua procrastinação, usar o seu tempo para o que é mais importante na sua vida. Para que você encontrasse um caminho e entendesse que a vida traz ondas justamente para a gente aprender a surfar. Às vezes elas acabam nos derrubando mesmo, tomamos caldo. Mas o que é um caldo perante todo o mar?

Eu não sou a mesma pessoa que eu era quando comecei a empreender. Os caldos fizeram de mim alguém melhor; fizeram da minha empresa uma empresa melhor.

Desabafei no Instagram, falando da minha crise de estresse. Foi difícil contar que eu, a organizadora profissional, estava desorganizada e cansada. Pedi um tempo. Passei uma semana tentando relaxar e abrir espaço na minha agenda pra mim mesma. Vi pessoas importantes, meditei, fiz yoga. Respirei um pouco. Só que não foi o suficiente.

Estou em um mar bem agitado agora, sabe? Engasgando com a água. Tentando ficar em pé na prancha enquanto o vento manda ondas cada vez maiores. O danado está cada vez mais rápido!

Ontem levei um novo caldo. Recebi uma mensagem que acabou comigo e, horas de insônia depois do acontecido, não quero guardar mais nada.

> Eu não sou o que me acontece. Eu sou o que escolho me tornar.
> Carl Gustav Jung

Ao exibirmos algo novo para o mundo, sejam nossas ideias, fotos no Instagram, um curso ou um post, não há realmente nenhuma garantia de aceitação. Criar é estar vulnerável. Esse estado pode fazer com que nossa vida seja cercada de incertezas. As emoções ficam à flor da pele. E isso não é significado de fraqueza porcaria nenhuma!

Minha depressão veio porque assumi a culpa por algo sobre o qual eu não tinha controle. Desenvolvi um rigor para comigo mesma que passou do limite do aceitável. Meu perfeccionismo atingiu níveis elevados, a crítica se tornou uma voz constante na minha mente. Mesmo com a vontade de fazer as coisas, mesmo com entusiasmo e paixão, a energia foi ficando pequena diante do estresse da cobrança.

Só consegui superar a depressão porque minha fé (e apoio) foi maior que o meu medo. Continua sendo. É preciso sempre buscar alternativas de encontrar a mim mesma e resgatar a dianteira do veículo para que seja possível sentar na cabine e voltar a voar.

Mesmo desconfortável e assustada, me sinto viva. Mesmo cheia de ansiedade e desequilíbrio, enxergo liberdade. Nunca saltei de paraquedas, mas imagino que seja esta a sensação: permitir-se perder o controle. Escolher a queda livre. Ver o mundo de uma maneira nunca imaginada, caindo, mas enxergando de cima.

Mesmo que eu falhe, continuarei fazendo. Se vale a pena, continuarei fazendo.

Não sou o que me acontece. Sou o que faço com o que me acontece.

A vida me manda as ondas. Eu escolho minhas quedas livres. E, no meio disso tudo, não dá para ignorar o básico.

Realmente existem algumas regrinhas nas quais preciso ficar de olho para não me perder. Regras básicas de sobrevivência. Às vezes dou uma trapaceada, é verdade. Mas, quando percebo que a trapaça passou do meu controle, ligo o alerta vermelho.

Precisamos dormir.

Precisamos comer.

Precisamos beber água.

Precisamos respirar.

Quando alguma dessas coisas é prejudicada, você está sendo prejudicado. Consequentemente, seu negócio está sendo prejudicado. Por trás de todo empreendimento, existe um empreendedor, existem pessoas.

Não dá para dormir só um pouquinho, comer só um pouquinho ou, ainda, beber demais daquilo que o corpo vai sofrer mais tarde.

Felizmente a respiração não depende de nós, é involuntária. Ainda bem. Já pensou você abrindo mão de só um pouquinho do seu ar porque não tem tempo pra isso?

Agendas cheias têm o poder de nos fazer esquecer daquilo que é básico, daquilo que nos faz relaxar. À medida que assumimos novos compromissos, colocamos a mente, o corpo e o espírito para trabalhar juntos. Os três precisam de cuidado para funcionar bem.

Estou preocupada com a minha agenda. Estou preocupada com as promessas que fiz e não cumpri. Estou preocupada com os prazos terminando.

Ao perceber que a preocupação está maior que o meu sono, minha fome e minha energia, só posso fazer uma coisa: REDUZIR! Reduzir o excesso de preocupação, o excesso de demandas, o excesso de auto-cobrança.

Tenho repetido para mim mesma como um mantra esses dias: menos é mais. Menos é mais. Menos é mais. A aplicação é que tem sido um desafio.

Enquanto fico aqui buscando recuperar minhas energias, os caldos continuam vindo.

Hoje esqueci de comer. Hoje não consegui dormir. Mas felizmente me propus a escrever.

Escrever é minha terapia. Fazendo isso, sinto que posso dar minha máxima contribuição para o mundo. Escrevo aqui meu desafio porque, liberando meu excesso, mexo não apenas com o meu corpo e com a minha mente, mas com o corpo e a mente de todos que me leem.

Atrasei, não nego. Entrego quando puder.

Só posso fazer meu melhor trabalho se estiver bem.

Desabafo, pois preciso dormir.

Desabafo, porque dentro de mim não quero excesso.

Desabafo, pois essa é a maneira como sei esvaziar o sistema, abrindo espaço para o que importa.

> Organizar o tempo é a forma de expressar gratidão por ele e por tudo que ele faz por você.

Sim, ensino o que preciso aprender. Estou junto com você, no mesmo barco. Sofro dos mesmos problemas. Também sobrecarrego minha agenda. Também perco o sono e, por vezes, enquanto durmo, sonho com os boletos e com a resposta que dar no próximo e-mail. Sonhei com esta carta antes mesmo de ela ser o que é.

Essa é a minha última semana de trabalho do ano. Prometi a mim mesma concluir minha lista e, a partir do ano que vem, trabalhar com menos coisas. Vou cumprir os meus prazos, entregar o que prometi, fazer a minha parte da melhor maneira que posso. E vou descansar. Vou descansar muito e vou procurar mais ajuda. Vou atrás de mais pessoas para trabalhar comigo e me ajudar nas demandas, para que eu possa cuidar melhor de tudo e me dedicar àquilo em que sou boa de verdade. Vou estabelecer regras pessoais mais rígidas para minha agenda, para não cair mais na mesma armadilha. Vou praticar o #Zempreendedorismo e organizar o meu tempo de modo a contemplar mais os meus amigos, minha família, meu corpo e o mundo ao meu redor.

Vou fazer meu negócio crescer mais e vou crescer junto com ele, como venho fazendo nos últimos anos. Preciso agora de mais pessoas que abracem a mesma ideia e confiem em mim.

Eu sei que você confia, pois me leu até aqui. Isso é tudo que importa. Eu posso cometer erros. Posso ser imperfeita. Conquistei sua confiança para me ler, você conquistou o direito de me conhecer de verdade.

Quando eu não conseguir me perdoar e enxergar um caminho, vou continuar escrevendo. Tudo tem fim, até a autocrítica e a sobrecarga. A gente só precisa deixar ir. Só precisa de uma mãozinha.

Essa noite minha mãe me disse que tudo vai ficando confortável *devagar*. Que, perante os outros, só me cabe assumir minha falta.

As pessoas generosas me humanizarão; das não generosas eu não preciso. É uma libriana falando, e eu acredito nela.

Quem está na vibe da organização busca ordem e harmonia. A ordem inclui a aceitação dos enganos e dos erros dos outros. Eu posso errar. Virão outras ondas. Pode acontecer de novo. Mas, se eu continuar abrindo o jogo com quem confio, meu sono voltará. Se eu continuar cuidando de mim mesma e do meu tempo, continuarei crescendo e seguindo.

São 10h da manhã. Fecho a cortina e desejo uma boa noite a você. O peso das lágrimas vai finalmente me permitir dormir.

Obrigada por me deixar falar.

Capítulo 1

Um novo ritmo

Tudo ao que se resiste, persiste.

JUNG

Na semana em que me propus começar a escrita deste livro, o Brasil pós-vacina parecia (ainda) mais acelerado. Os encontros, a volta dos eventos presenciais, o embate das empresas sobre retornar ou não aos escritórios, os convites de festas pipocando nas caixas de entrada.

Em uma sexta-feira de mais um novembro corrido, tinha acabado a luz em casa. Eu havia passado o dia correndo para lá e para cá, organizando o aniversário de um amigo. Na saída, carregando um monte de coisas no escuro, escorreguei na escada e torci o pé.

Na correria, pensando no futuro, tropecei no presente. O resultado foi pé imobilizado, fisioterapia e o aprendizado sobre ir e vir, literalmente, mais devagar. Os especialistas de saúde compartilharam de uma opinião em comum: pelo menos doze semanas de recuperação. Segundo eles, o movimento não voltaria a ser o mesmo de antes. Será?

No meio dessas semanas de recuperação e entendimento de um novo movimento, iniciei essas palavras de reflexão sobre seguir a vida em outro ritmo. Desde a carta insone de 2017, experimentei novos lugares de conexão, assim como novas estratégias de performance, progresso e cuidado. Entendi novas camadas de mim e do mundo on-line. Cansei de estar cansada.

Escrevo a partir de uma visão de mulher branca, cis, do centro do Brasil, com base nas minhas vivências e nesse recorte de privilégios. Entendo os limites do meu discurso. Não temos todos as mesmas 24 horas. No entanto, sei que as experiências que relato não passam apenas pela minha história, mas pela história de toda uma geração exausta de ser uma coisa que não se é, de performar, de correr sem fôlego ou respiro em busca do sucesso.

Consumo, desempenho e cansaço aparecem em contextos de busca por auto-otimização em que supomos ser livres para fazer (e ser) o que quiser. Quando o poder fazer vira obrigação, a pressão pela realização e performance aumentam. Doenças como burnout, depressão e ansiedade aparecem com frequência nesses contextos.

O bem-estar mental das pessoas foi altamente afetado nos últimos anos. Em 2022, o burnout passou a ser considerado uma doença ocupacional,[1] não mais um quadro individual psiquiátrico. Isso mostra que é tempo de nos organizarmos para cuidar das pessoas.

Precisamos sair cada vez mais da lógica do comando-controle e ir para a lógica da confiança-cuidado. Para nos recuperarmos, precisamos de ambientes sustentáveis que foquem na sociedade, no meio ambiente e em quem está nesses lugares: moradores, colaboradores, famílias, seres humanos.

Virou costume e uma medalha de honra estar ocupado. Quantas vezes nos últimos dias você disse que sua vida está corrida? Sei que temos os nossos corres, as demandas para dar conta. No entanto, por que é tão difícil pausar? De onde vem essa culpa quando é preciso dar um tempo? Por que comparamos nosso ritmo ao do outro o tempo todo?

"A pausa só traz descanso se a pressa não está internalizada."[2] Tá certinha, Lili Prata. A gente internalizou tanto a pressa de um sistema de exploração que agora estamos todos cansados, repetindo com orgulho que estamos ocupados. Isso precisa mudar!

Quando comecei a jornada em busca de viver com menos coisas e mais experiências, menos trabalhos e mais cochilos, fortaleci minha relação comigo mesma e com as pessoas ao meu redor. Não foi de uma hora para outra, nem teve unicórnios e pipoca doce, mas foi possível. Há anos escolhi o caminho do essencialismo, com mais respeito aos processos de transformação da vida.

Como uma pessoa orientada para crises, de alguma forma as aprecio. São oportunidades de desintegração para reestruturação. Ao enxergar a impermanência das coisas, é inevitável não contemplar o existir. Só que a transformação pessoal não é simples nem rápida. O processo constante de transformação muitas vezes vem acompanhado de ansiedade, angústias e crises existenciais.

Em 2018, lancei meu primeiro livro, motivada a dar sentido às experiências e vivências digitais. Lá estava eu, uma millennial genuína, muito à vontade com a sempre mutante tecnologia. Quem adolesceu em Fotolog (você estava lá?) sabe como lidar com Instagram... ou, pelo menos, assim eu achava. Esse gancho geracional é essencial para relacionar momentos anteriores da (minha) história ao que percebo agora. Porém, a experiência me ensinou que o que abre portas pode, ao mesmo tempo, ser o que te prende. Fico me perguntando o quanto podemos nos curar no lugar em que adoecemos, todos juntos. Para onde estamos indo? Como será esse lugar?

> O mundo não vai parar de chamar sua atenção. É você que precisa aprender a desacelerar.

A mudança é a constante do mundo. Depois que as tecnologias digitais surgiram, ela ganhou uma outra velocidade, o que os grandes líderes globais chamam de mudanças exponenciais, ou seja, tornaram-se excepcionalmente mais rápidas, marcadas por avanços tecnológicos que modificam completamente como vivemos, trabalhamos e nos relacionamos uns com os outros.

A combinação de mudança e rapidez tem nos levado a acreditar que precisamos ser tal qual o avanço das tecnologias disruptivas: imediatos, ágeis e velozes. Contudo, desde as primeiras revoluções industriais, fomos alertados pela arte, com os filmes de Charles Chaplin, que não éramos máquinas, e sim seres humanos!

O mundo pode estar acelerado, impulsionado pelas tecnologias, mas ainda continuamos humanos: somos natureza, e ela trabalha em ciclos que nos levam à nossa evolução como espécie a cada reinício. Não dá para fazer saltos exponenciais durante a caminhada da natureza – é preciso percorrê-la no seu ritmo. Encontrar a harmonia e o equilíbrio nesse cenário social se torna cada dia mais indispensável, porque também não dá para evitar os impactos do mundo veloz em nosso cotidiano.

Nos anos 1980, criou-se um conceito chamado VUCA – que significa volatilidade (*volatile* em inglês), incerteza (*uncertainty*), complexidade (*complexity*), ambiguidade (*ambiguity*) – para descrever o mundo pós-Guerra Fria, noção adotada por lideranças militares para entender os problemas que poderiam surgir a partir dali. Percebeu-se que a realidade havia se tornado veloz, repleta de incerteza, com um monte de escolhas e fatores que influenciavam decisões sem muita clareza. VUCA também foi uma forma de compreender as mudanças significativas que vieram com a tecnologia desde os anos 2000.

Mas VUCA ficou pouco! Jamais Cascio, historiador, professor e membro do Institute for the Future, cunhou o acrônimo BANI, que significa fragilidade (*brittleness*), ansiedade (*anxiety*), não linearidade (*non-linearity*) e incompreensibilidade (*incomprehensibility*), para representar o mundo em constante mudança e cada vez mais digital e interconectado por conta da pandemia do coronavírus.[3]

Ou seja, a realidade está cada vez mais suscetível a catástrofes, o que cria um senso de urgência, o sentimento de estar no limite, dúvidas sobre a validade de se fazer planos a longo prazo. Afinal, temos o controle do quê? O mundo pode ser VUCA ou BANI, mas a vida não pode ser mais leve?

Uma vida mais tranquila começa com a observação do que é realmente *sua* vida e leva você para a abertura de espaços, convida a manter apenas o que agrega valor. Isso vale para lugares físicos, digitais e até emocionais. Ao abrir espaço, a energia volta a circular, eliminam-se padrões que paralisam e abrem-se novas oportunidades para que novas coisas possam acontecer. A organização entra nessa equação, porque uma vida tranquila não é uma vida sem problemas. Contudo, organizando-se, é possível diminuir as dúvidas e perturbações, além de ampliar o espaço para ação quando tiver que enfrentar os impactos de um mundo acelerado.

O que proponho ao longo deste livro é um caminho de Organização Humanizada, que passa pela descoberta do que é essencial, a compreensão dos ciclos naturais, que, por sua vez, geram uma (re)conexão com o eu, com o outro e com o digital. A Organização Humanizada envolve também a gestão dos próprios recursos, de acordo com o contexto de cada pessoa, de uma forma que leva ao desenvolvimento de um modelo mental direcionado a uma vida autêntica, significativa, com a sensação de pertencimento.

É importante ressaltar que a organização não se resume a um conjunto de métodos ou ferramentas de armazenamento de compromissos, tarefas e arquivos. Antes, ela se relaciona com processos e habilidades que geram comportamentos duradouros que favorecem o equilíbrio para a tomada de decisão mais assertiva e harmoniosa. Por isso, apresento uma abordagem de Organização Humanizada que conecta as pessoas ao que realmente importa para elas, direcionando-as para o autoconhecimento e a ações práticas.

Comecei minha carreira no mundo da organização, apresentando uma investigação pessoal sobre como usar tecnologia com mais propósito por meio da organização digital. De lá para cá, experiências novas me mostraram muito sobre a sobrecarga relacionada ao trabalho, à pressa, às redes sociais... Navegar é algo que sempre fiz com muito prazer, mas a turbulência desse mar me faz questionar se não deveríamos colocar nossas velas em rios com ventos menos conturbados.

Fica a questão: é possível navegar serenamente neste mundo acelerado?

> Porque me organizando posso desorganizar.
>
> Chico Science

Organiza que dá!

De acordo com alguns dicionários, organização é o ato ou efeito de organizar, que, por sua vez, significa colocar em ordem o que já existe, dispor de maneira ordenada, arrumar, estruturar.[4,5] No entanto, o que a definição não inclui é que organização não é só um resultado – a arrumação, a estrutura –, e sim um *processo*. E esse processo é composto também de subjetividades e desenvolvimento de habilidades, que são aprimoradas com carinho e cuidado por quem pode observar seus ciclos.

Entre as décadas de 1970 e 1980, surgiram inúmeros métodos que garantiam ser possível aprender uma língua estrangeira, geralmente, um passo de cada vez – seguida à risca, a fórmula levaria ao sucesso. Havia diferentes métodos, desde aqueles que usavam técnicas com números exatos de repetições de palavras – que o estudante nunca mais esqueceria – até os que vinham com fitas cassetes para os aprendizes "ouvirem" e aprenderem enquanto dormiam. A cada fracasso de um desses métodos milagrosos, surgia outro com uma nova promessa. Esse fenômeno despertou o interesse dos pesquisadores da área, que eventualmente provaram que o problema não estava no método, mas em sua abordagem.[6]

Os criadores dos métodos entendiam a aprendizagem de línguas como um conjunto de palavras, frases e regras gramaticais a serem memorizadas. A língua não era vista como algo dinâmico, vivo e que acontecia na interação entre pessoas. Também não levavam em conta as individualidades do processo de aprendizagem, pois pressupunha-se que todos aprendiam da mesma maneira (ouvindo, por exemplo). Não havia identificação, nem pertencimento, nem se alcançava o objetivo principal: aprender uma língua. Isso gerava frustração e o sentimento de fracasso nos estudantes.[7,8]

Há muitas semelhanças entre esse antigo contexto de educação de línguas e o atual campo da organização. Existem muitos métodos de organização – boa parte é bastante interessante e, de fato, funciona –, mas dificilmente tornam-se um comportamento das pessoas. A maioria é direcionada ao resultado, no estilo da definição dos dicionários, só que os seres humanos mudam e passam por mudanças o tempo todo, o que exige flexibilidade.

Os métodos de organização são percebidos na maioria das vezes como a parte principal do processo de organização. O método está no nível do fazer, do processo final.

> Métodos de organização são *parte* do processo, não o processo.

É importante desfazer essa compreensão recortada do processo para que se possa compreender os motivos e o propósito da organização para a construção de um ritmo mais tranquilo de vida. Na maior parte das vezes, induzidas apenas por métodos (conjunto de ferramentas), as pessoas acham que, ao baixar um determinado app ou fazer listas bonitas em cadernos com folhas pontilhadas, resolverão seus problemas de tempo e de bagunça física e mental.

Como a percepção sobre os métodos não é realista, o comportamento de organização não faz sentido para quem o adota isoladamente, que não alcança o objetivo esperado e se frustra. Por consequência, cultiva-se o sentimento de fracasso e a incapacidade de se organizar para tomar decisões mais assertivas e alcançar o equilíbrio entre o que importa e a produtividade.

Por isso, nestas páginas, vamos adotar a linha de pensamento do essencialismo para olhar para dentro, avaliar o que agrega valor à nossa caminhada. Depois, o entendimento dos ciclos nos posicionará como natureza. Em seguida, a mentalidade de organização nos permitirá criar processos e otimizar o fluxo. Por fim, a (re)conexão com o eu, o outro e o digital trará novas maneiras de interagir com o mundo.

Sendo assim, trabalharemos com dois grandes pilares na Organização Humanizada: *autoconhecimento* e *ação*. A partir de cada um deles, aprenderemos premissas que proporcionam o desenvolvimento holístico.

A parte de cima do círculo dos Pilares da Organização Humanizada representa o *autoconhecimento*, que apontará o norte e as práticas do explorador. A parte de baixo representa a *ação*, ou seja, o processo e as práticas de organização.

Embora os Pilares da Organização Humanizada estejam divididos em dois grandes campos, saiba que se trata de um *conjunto indissociável*. Ambos se alocam em um *caminho circular, integrativo e regenerativo*. As premissas de cada parte dialogam, se inter-relacionam e agem de maneira transdisciplinar. Sendo assim, apresentam-se separadas somente para melhor compreensão.

Nas trilhas aceleradas do mundo, o que não falta é gente querendo chegar antes do tempo, buscando estar perfeito antes de testar, vender antes de estar pronto, postar antes de experienciar. A lorota que contaram de que "quem não está on-line não existe" tem efeitos pesados e conversa com a historinha de que "o tempo só tem valor se for produtivo". Ai!

Mais do que aprender sobre produtividade, esses pilares convidarão você a desaprender o que sabe, a deixar de ser viciado em produtividade, de ser aquela pessoa que só quer saber de trabalho, que transforma hobbies em projetos paralelos, que não quer "perder tempo" e que considera qualquer minuto uma oportunidade de fazer algo.

> É preciso desacelerar para não cair em velhos padrões quando as coisas na vida começam a mudar novamente.

A correria só é visível quando você sai dela. Ao colocar o pé no freio, é possível perceber o que é a sua pressa e o que vem de fora. Nessas horas, acho que o Lenine é que tá certo quando diz que "o mundo vai girando cada vez mais veloz, a gente espera do mundo e o mundo espera de nós um pouco mais de paciência".[9] Não apenas paciência, mas também empatia, cuidado, colaboração, flexibilidade, conexão, respeito aos indivíduos cíclicos que somos.

A aceleração social está nos levando à pressa que fortalece uma cultura que descarta coisas e pessoas o tempo todo. Uma cultura que valoriza a nova imagem, a nova roupa, o novo post. O lugar do novo é sempre destacado e melhor. E, quanto mais o velho é descartado, mais o planeta sente. Não há lado de fora na Terra. Tudo que consumimos se transforma.

No que estamos transformando nosso tempo? Nosso dinheiro? Nossos espaços? Nosso conhecimento? Nossa energia? Para onde a aceleração está nos levando?

Desacelerar é um caminho de cuidado e transformação.

Capítulo 2

O Vale dos Cansados da Alta Performance

> A aceleração destrói as suas estruturas próprias de sentido e tempo. O inquietante na experiência de tempo atual não é a aceleração como tal, mas sim a conclusão faltante, ou seja, a falta do ritmo e do compasso das coisas.
>
> Byung-Chul Han

No ano em que me mudei para o Vale do Silício, na Califórnia, comecei a me comportar de um jeito diferente, fazendo questionamentos existenciais diante da aceleração que presenciava enquanto tentava estar longe do meu país. Trabalhando de casa, passando boa parte do tempo on-line, comecei a notar como as estruturas de trabalho poderiam ocupar facilmente todos os horários e esferas da vida, em uma corrida que nos distancia do essencial.

Até o mais básico é otimizado no Vale do Silício. Do relógio que avisa a hora de ficar em pé até os menus entregues na porta com legumes cortados para cozinhar a qualquer momento do dia. Das pílulas para produzir com foco ao canabidiol (CBD) para chapar no sofá, ambos comprados facilmente no caixa do supermercado. Assim, o Vale parecia a representação do epicentro da alta performance, onde a tecnologia tinha a resposta literalmente nas mãos e tudo era de alguma forma automatizado, veloz, com menos etapas. Viver era aparentemente mais simples. Para chegar à disrupção e inovação, bastava cruzar a esquina.

Por isso, durante toda a meia década em que morei na Universidade Stanford, estranhei ser questionada sobre o que eu fazia, e só hoje entendo por quê. Permita-me explicar.

Os estudantes não apenas moram em Stanford: eles trabalham, se relacionam, inventam coisas, se divertem. Eu era casada com um deles, e estava cercada de candidatos a mestres e PhDs por todos os lados. Apesar de não me sentir parte daquela comunidade, tinha acesso à maioria dos ambientes do campus com minha carteirinha de acompanhante. Stanford é famosa por ter alunos fundadores de empresas de bilhões de dólares, como HP, Yahoo, Google, Nike e Instagram. Lembro-me bem do primeiro dia que cheguei por lá. Fui ao banco fazer o meu cartão, que ficou pronto na hora e, em dez minutos, estava sendo usado no Coho, o restaurante popular, para pagar o almoço. Em suas paredes estão registradas as caricaturas dos estudantes famosos, pessoas que viravam noites em seus Macintoshes criando invenções que mudariam o mundo. Tecnologias disruptivas, como dizem nas rodas por aí.

Foi nesse ambiente que eu percebi o quanto trabalhamos e, muitas vezes, abrimos mão de cuidar das nossas necessidades mais básicas. O quanto a corrida para ser o primeiro, o mais por dentro e o mais extraordinário é cansativa. Dentro de um vale de cansados, mas olhando como alguém de fora, observei o porquê das viradas de noites e vi pessoas que se achavam uma fraude mesmo com um diploma de Harvard no canudo. Por isso eu estranhava ser questionada sobre o que eu fazia em Stanford. Viver é mais do que fazer coisas.

A gente vive numa sociedade onde o capitalismo reina e o cansaço predomina. O discurso do "Você pode!" transformou as vozes em nossas mentes em "Você deve!". Demorei, mas ali ouvi os primeiros sussurros – depois, vieram os berros.

Encaro essa estada no Vale do Silício como um momento de experimentação sobre um determinado estilo de vida, claramente representado pela tecnologia, eficiência, agilidade, ambição, conveniência e velocidade. Paradoxalmente, foi por ali que comecei a experimentar ritmos mais suaves e satisfatórios que até hoje me acompanham. Foi onde encontrei meu compasso. Não ouso dizer que entendi o tempo, mas consegui abraçá-lo com mais presença e respirar a calma mesmo na aceleração do mundo e da mente. Isso só foi possível porque lá me deparei com toda uma geração exausta de performar, vivendo em um ritmo frenético, buscando alcançar a vida perfeita, trabalhando loucamente e postando tudo vinte e quatro horas por dia para validar o que se é. Porque lá olhei no espelho e vi um semblante de cansaço que arrepiou meus cabelos. Eu me perguntei: "Se eu estiver fazendo coisas o tempo todo, quando poderei descansar? E quando o farei sem sentir culpa? A quem interessa tanta pressa?".

Pensa aqui comigo: a tecnologia nos ajuda a economizar tempo, certo? E esse tempo economizado pode ser usado para aumentar a produtividade, a diversão e o descanso. É mais simples no discurso do que na prática, no entanto. A adaptação às novas formas de comunicação e experiências de mundo, cada vez mais velozes e expansivas, impacta também as vivências off-line, nossas relações e emoções. Até queremos descansar e nos divertir, mas perdemos o ritmo. Agora somos imediatistas e multicanais. Queremos respostas rápidas, de todos, por todos os lados. Nos acostumamos com o volume e o cansaço – ou será que o sistema nos sobrecarregou e estamos entrando em pane?

Ninguém nos ensinou a fazer transições entre plataformas, não é verdade? A sair do mIRC para o ICQ, MSN, Messenger e depois WhatsApp. Fomos construindo mundos em terrenos alugados que não conseguimos mais a senha ou o servidor para acessar. Nos adaptamos aos multiversos novos que se apresentam.

Estar no Vale do Silício me fez entender o encantamento que eu tive pelo mundo digital durante toda a minha vida. Como não se maravilhar com a possibilidade de se conectar com qualquer pessoa em qualquer lugar do mundo, sem precisar sair da sua garagem? Apple, Amazon, HP, Google, Microsoft – essas gigantes nasceram assim, e qualquer tour de empreendedorismo por aquelas bandas vai fazer questão de adicionar uma parada para foto na frente de uma dessas garagens. Curiosamente, imagino quantas garagens por aí abrigam os dados perdidos dos ambientes virtuais meticulosamente criados e mantidos em que depositamos tanto tempo de vida.

A primeira vez que visitei a sede de uma dessas empresas grandes, a Google, tinha bicicleta e crachá com a identidade da marca me esperando. No Facebook, visitei espaços de convivência, passando pela sorveteria com *folders* e *post cards* descolados e paredes onde visitantes deixavam recados. No espaço do Instagram, havia (óbvio!) espaços instagramáveis para *selfies*. Também dava para aproveitar os *snacks* no balcão à disposição.

A otimização é maior para quem trabalha, claro! Dá para malhar, dormir, comer, meditar. Tudo dentro do trabalho. O trabalho dos sonhos parecia ter a cara de um daqueles ambientes *tech* do Vale, onde "a madrugada é curta" para quem tem uma missão, e dormir fica para depois.

Não é preciso estar no Vale para reconhecer o discurso de glamourização da aceleração. Ele está em todo lugar. Nos filmes, nas séries, nos círculos de trabalho, internalizado no nosso corpo e nas pegadas que deixamos pelo caminho. Está no peito que se orgulha e ao mesmo tempo dói ao dizer que a vida está corrida.

Diferente dos workaholics estilo *Mad Men*, regados a uísque e charutos noites afora em escritórios fechados, a pegada no Vale é outra. E ela se espalhou pelo mundo. A busca é por aproveitamento total, alta performance cognitiva, memória de elefante e desempenho espetacular nos estudos, no trabalho, em tudo.

Não é nenhuma novidade para ninguém que, para aprender e se aprimorar em qualquer coisa, é necessário tempo e esforço. O corpo aprende devagar, indo dos movimentos mais básicos aos mais complexos, na velocidade da mente. No início, o esforço é sempre maior. Para ficar de pé, para pegar peso, para fazer um acorde. Quando você aprende algo novo, o seu cérebro está aprendendo por uma via: o córtex. Com o tempo, o córtex motor se adapta e se organiza. Isso se chama neuroplasticidade. Com a prática e movimento, você melhora, se aprimora e passa de nível.

Certa vez, em um evento para empreendedores do Vale, me deparei com a apresentação de uma empresa chamada Halo Sport, que observou esse fenômeno e criou um dispositivo que mais parece um fone de ouvido, mas oferece estimulação transcraniana por corrente sanguínea (tDCS), o que faz com que o cérebro aprenda mais rápido. Essa tecnologia faz parte de uma abordagem chamada *neuropriming*, normalmente aplicada a atletas de alto desempenho, e funciona à base de eletricidade. No dispositivo encontram-se alguns eletrodos que passam pelo cabelo e entram em contato com a pele. Impulsos elétricos são enviados ao cérebro, ativando os neurônios manualmente. O córtex motor fica acima das orelhas, e o formato de fone de ouvido da tecnologia serve para facilitar o contato dos eletrodos. Esses dispositivos promovem o estado de hiperplasticidade, cujo maior benefício é aprender novas habilidades em um ritmo muito mais rápido e mais ciente dos seus movimentos. É claro que eu fiquei tentada a comprar.

Mas quais eram mesmo meus objetivos? Trabalhar mais, consumir, produzir?

Fico me perguntando o quanto corremos e como nos perdemos na busca para ser um sucesso. Queremos alta performance para ter parcerias na vida, bem-estar e conforto. Para isso, escolhemos caminhos que nos afastam justamente do propósito inicial. Acredito que é porque, na corrida, perdemos de vista as sinalizações. Não vemos as indicações de quem já passou por ali, as histórias de quem vem ao lado, os recados da intuição, a beleza da vista ou o tempo da estrada. Estamos com pressa.

É só observar ao redor; aceleramos áudios e queremos acelerar as pessoas também. Vivemos em uma cultura de velocidade que foca no desempenho e onde a pressa se apresenta como regra, sendo prejudicial a todos. Há quem fique mal e frustrado porque não tem tempo de desacelerar, cuidar da vida e descansar. Há quem fique chateado por ver que outras pessoas ao redor conseguem, mesmo em suas correrias. E há quem esteja conseguindo descansar sendo pego constantemente pelo sentimento de culpa. Então, a pressa pode ser vista como um componente cultural. Afinal, ninguém está acelerado sozinho.

Pesquisa Datafolha mostrou que 43% das pessoas no Brasil consideram que vivem na velocidade 2x.[10] Segundo a pesquisa, viver em ritmo acelerado aumenta em 136% a sensação de realizar tarefas no modo automático sem prestar atenção no que está fazendo. Eis mais alguns dados interessantes da pesquisa:

- 25% das pessoas entrevistadas pelo instituto revelam que consomem conteúdo acelerado.
- 9 entre 10 pessoas dizem não se sentir calmas.
- 47% dizem não ter tempo para relaxar sem se preocupar com outras tarefas.
- 40% dizem não ter tempo para as atividades que mais gosta de fazer.
- 83% dizem concordar que o ritmo de vida acelerado e a necessidade de estar sempre fazendo algo prejudicam a saúde das pessoas.
- O risco de faltar tempo para cuidar de si/praticar autocuidado é 66% maior entre os que levam uma vida acelerada, para quem

também é maior a probabilidade de não ter tempo para se reunir com a família ou com os amigos.

A velocidade se apresenta no centro da vida contemporânea. Escolhemos acelerar áudios. Isso virou hábito, e a regra se instalou na sequência. Algo que antes era uma escolha passou a ser difícil de reverter. Nos acostumamos com a pressa? A ideia de acelerar para liberar mais tempo acabou criando mais tempo para trabalho e produção. E, mesmo que a gente queira mudar, como fazer isso em um coletivo acelerado?

Em uma cultura acelerada, com foco no desempenho, existe uma hipervalorização do agir e do fazer, o que leva às alturas a exigência por produtividade, a qual facilmente se espalha do trabalho para todas as áreas da vida, a ponto de querermos ser produtivos até no lazer, maratonando séries, inimigos do fim. Consequentemente, o cansaço e o esgotamento parecem não ter fim.

Somos todos atingidos pelo discurso do aproveitamento do tempo. O capitalismo – que não sustenta o silêncio – gera ruídos digitais que esgotam as pessoas. A exigência do desempenho está levando todos ao extremo cansaço, como explica o filósofo Byung-Chul Han:[11]

> A sociedade disciplinar de Foucault, feita de hospitais, asilos, presídios, quartéis e fábricas, não é mais a sociedade de hoje. Em seu lugar, há muito tempo, entrou uma outra sociedade, a saber, uma sociedade de academias de fitness, prédios de escritórios, bancos, aeroportos, shopping centers e laboratórios de genética. A sociedade do século XXI não é mais a sociedade disciplinar, mas uma sociedade de desempenho. Também seus habitantes não se chamam mais "sujeitos da obediência", mas sujeitos de desempenho e produção. São empresários de si mesmos.
>
> [...]
>
> A sociedade disciplinar é uma sociedade da negatividade. É determinada pela negatividade da proibição. O verbo modal negativo que a domina é

o não-ter-o-direito. Também ao dever inere uma negatividade, a negatividade da coerção. A sociedade de desempenho vai se desvinculando cada vez mais da negatividade. Justamente a desregulamentação crescente vai abolindo-a. O poder ilimitado é o verbo modal positivo da sociedade do desempenho. O plural coletivo da afirmação – *Yes, we can!* – expressa precisamente o caráter de positividade da sociedade de desempenho. No lugar de proibição, mandamento ou lei, entram projeto, iniciativa e motivação. A sociedade disciplinar está dominada pelo não. Sua negatividade gera loucos e delinquentes. A sociedade do desempenho, ao contrário, produz depressivos e fracassados.

A sensação de insuficiência é predominante em uma sociedade que foca no desempenho, cheia de dívidas e comparações constantes, sonhando com planilhas e sequências de stories, enquanto só tem o tempo e a grana do miojo. Com a cabeça sempre cheia, o alívio vem em um clique e a caixa que chega pelo correio tem o tempo de satisfação que vai do *unboxing* à postagem dos recebidos on-line. A exploração voluntária vem da busca pela felicidade e liberdade.

> O excesso de trabalho e desempenho agudiza-se numa auto-exploração, sendo então mais eficiente que uma exploração do outro, pois caminha de mãos dadas com o sentimento de liberdade. Presumimos que somos livres, mas na realidade nos exploramos apaixonadamente até entrarmos em colapso.
>
> Byung-Chul Han

A ausência do "não" e das limitações não leva à liberdade. No excesso de positividade também se encontram algumas prisões. Afinal, não é liberdade se nos prende. Não é liberdade se vale só para alguns.

A dominação e a exploração encontram fundamentos no excesso de positividade, que gera um sentimento de dever. Inicialmente, sim, bate aquela sensação gostosa de fazer acontecer. No entanto, a frustração e vergonha de quem não consegue levam a uma culpa feroz. A sociedade do desempenho transmite a mensagem de que, com positividade e foco, tudo é possível, e, quando você não consegue, o problema é você.

A sociedade do desempenho nos coloca como empreendedores de nós mesmos, buscando otimização constante, o que por si só já pode ser uma compulsão. Encontrar o essencial é o que nos faz ter coragem de nos desligarmos daquilo que não contribui para o uso do nosso tempo fora do dever, do trabalho. Desacelerar é preciso para resgatarmos outros tempos do viver.

> Uma sociedade que não dorme não sonha, não muda.

Fique alerta quando o foco de suas ações é voltado para demandas externas e a execução é uma resposta a um estado de ativação diante do perigo (medo, ansiedade, pânico). A produtividade passa a ser tóxica quando não leva em consideração o indivíduo, deixando de lado suas necessidades de sobrevivência como sono, boa alimentação e cuidados com o corpo e a mente.

Como profissional na área, parece estranho dizer isso, mas me esforcei mais em desaprender produtividade nesses últimos anos do que em aprender coisas novas, pois em algum ponto fui uma viciada em produtividade[12] e não queria continuar reproduzindo as mesmas fórmulas que me levaram ao cansaço. Não queria que o trabalho continuasse a se sobrepor aos aspectos da vida.

Falar de vício é um grande desafio porque geralmente a compulsão tem raízes na complexidade. Cada pessoa, de acordo com suas vivências, vai passar por um vício de formas diferentes. Contudo, um fato parece inegável: o vício se conecta a algo que merece atenção, mas que no momento não existe. O vício age como fuga ou distração de alguma realidade.

Eu sempre tive muita dificuldade em lidar com os vazios, com os abandonos que sofri na vida, com a solidão óbvia de uma aquariana introspectiva, com os nãos, os buracos da minha alma, as durezas de estar em um mundo bagunçado sendo uma pessoa sensível. Sei que não estou sozinha. Minha geração teme o silêncio e tem dificuldade em se calar. Por não ter recursos internos para lidar com esse problema, escolhi, durante muito tempo, de forma inconsciente, uma compulsão por produtividade. Na minha fuga, eu preenchia os vazios com listas de coisas a fazer. Só que a lista *nunca* tem fim!

A sociedade do desempenho é viciada em produtividade, e a ocupação é a droga. Viciados em produtividade pouco têm espaço, muito menos de autorreflexão, pois toda hora é hora! Não dá pra "perder tempo" na vida. "A vida tá corrida" virou jargão e "fazer nada" não está no vocabulário. Estão sempre priorizando o trabalho, o fazer. Porém, mesmo com tanta ocupação, sentem-se muito mal quando não atingem suas metas e expectativas, que geralmente são bem altas. Até mesmo no lazer, transformam diversão e hobbies em estudos e projetos a serem monetizados. É o bordado que vira negócio. A fotografia que vira frila. O talento em fazer doces que gera outra ocupação no final de semana. É o vídeo ou áudio acelerado que otimiza o tempo. E, com o tempo otimizado, dá para adiantar as tarefas de segunda no domingo para "ficar em dia".

Aí eu pergunto: como é que a gente fica em dia com o volume doido de coisas que vai para lista de tarefas?

Usamos nossas habilidades para dar conta das coisas, que são muitas. Levamos os talentos para o trabalho, para bancar os boletos e atingir metas. Os truques que aprendemos pelo caminho, usamos e aprimoramos. Com o tempo, damos conta de muita coisa, nos ritmos e condições que a vida dá.

O foco não é dar conta de tudo, e sim investigar de onde vem a necessidade de estar ocupado o tempo todo. Qual é a raiz disso? A ocupação é uma forma de não olhar para o que você seria forçado a encarar ao desacelerar; é uma forma de não olhar a falta. Todo mundo está cansado! Não é só você que passa para a lista do dia seguinte as coisas que não deu para fazer hoje. Não é só você que não está dando conta. Não é só você que grita aos quatro ventos que tem muita demanda e pouco tempo.

É importante ficar de olho nos gatilhos que nos levam a esses estados de ocupação, assim como nos efeitos que eles têm na nossa mente, como procrastinação, perfeccionismo e síndrome do impostor. Os anos caminhados no Vale do Silício me ensinaram que a alta performance rápida é possível, mas tem um preço, que eu não quis pagar. Não fosse por isso, não nasceriam estas páginas que você tem em mãos.

É bom prestar atenção nessa lógica neoliberal, cujo sentimento de exploração é tão internalizado que, a qualquer sinal de cansaço ou falha, é comum sentir-se como um impostor com conhecimento e habilidade insuficientes. Nós, seres humanos modernos, estamos marcados com a expressão das doenças mentais. A mensagem de produtividade do nosso sistema atual vem embalada numa caixa de pandora de exploração, compulsão e falsa liberdade. Cá estamos nós tentando "dar conta".

Quer a real? Disruptivo mesmo é dizer "não" no vale onde tudo pode.

Capítulo 3

A estrada dos distraídos

> Quando tudo ao meu redor está indo rápido
> demais, eu paro e me pergunto: "O mundo é
> agitado ou será que é a minha mente?".
> HAENIM SUMIN

Conheci parte do Oriente Médio no ano em que decidi desacelerar. O primeiro lugar onde fiquei foi Jerusalém. As ruas da cidade são movimentadas, barulhentas e confusas. Tem buzina e gente falando alto 100% do tempo. Mercados cheios. Confusão e caos de cidade histórica movimentada. Exceto aos sábados. Neles, as ruas ficam silenciosas. Tudo fechado, sem nenhum carro. É Shabat. Do pôr do sol de sexta-feira ao pôr do sol de sábado, a cidade vive o descanso judaico. As famílias se recolhem, se reúnem e, sem interferências externas, descansam e reconectam-se. O significado literal da palavra Shabat é "ficar imóvel" ou "descansar". Os judeus ortodoxos seguem à risca esse período, sem nenhum trabalho ou até mesmo tarefas pequenas como rasgar papel higiênico do rolo, no banheiro. Para além das realidades individuais, o Shabat mexe com a estrutura da cidade – por exemplo, não há transporte público. Isso muitas vezes impossibilita as pessoas que trabalham durante a semana de realizar passeios ou fazer outras atividades.

Num Shabat, procuramos um restaurante na cidade e só encontramos um aberto, com comida da Etiópia. Minha companhia para aquela viagem tinha passado uns meses no país anos antes e fez questão de me contar as histórias e reviver as memórias enquanto esperávamos a refeição. Prestei atenção. Sei disso porque me lembro, como se fosse hoje, das cores do prato chegando, em meio a nossa conversa. Não tirei foto, mas guardo com saudades e carinho os sabores daquele momento. Depois do almoço, com a cidade vazia, sem meios de transporte, caminhamos e conhecemos com detalhes alguns movimentos que, na correria, a gente não veria.

Não foi o Google que me falou sobre a cidade. Foi a própria cidade que falou comigo e me questionou de frente: se toda uma cidade para aos sábados, o que aconteceria se você tentasse o mesmo?

Em setembro de 2018, comecei a praticar o Shabat digital. *Technology Shabbat*,[13] ou *Tech Shabbat*, é um termo que se refere a um descanso da tecnologia. Isso envolve telas como as de smartphones, computadores ou TV. Tiffany Shlain e o marido, Ken Goldberg, professor de robótica da UC Berkeley, foram pioneiros em falar desse assunto na internet. O Shabat digital é uma espécie de rehab deliberado, em que você vai refletir sobre a necessidade de estar sempre disponível, conectado, ativo, produtivo ou entretido. É uma oportunidade de repensar a sua relação com o tédio e simplesmente deixar a mente navegar em modo difuso e fazer novas conexões. É uma forma de sair da aceleração do mundo.

No Vale, todos querem a nossa atenção: Facebook, WhatsApp, Instagram, YouTube, TikTok etc. Fazemos parte dessa economia em que, em troca de um feed cheio de referências e das possibilidades de conexões e informações, damos nosso tempo, atenção e energia. O tempo é uma moeda preciosa, porque é a ele que direcionamos nossos recursos. Assinamos os termos de uso sem ler as entrelinhas.

Talvez você não tenha ideia de quanto tempo dedica a essas redes, mas arrisco dizer que já se viu sugado por elas e nem sentiu o tempo passar. Ou ainda até sentiu o tempo passar, mas, imerso, demorou para sair. Você sabe como as estradas da internet são infinitas. Tem estrada de entretenimento, alívio, indignação, gatilho, conexão, comunidade, alianças, aprendizado, enfim. A gente se mete em cada estrada on-line que eu vou te contar: manter-se informado é um constante desafio e parece que, quanto mais buscamos por informação, mais distraídos ficamos.

Pelas redes chega mais do que conseguimos processar. No meio de tantos interesses e possibilidades vem uma mistura de publicidade, algoritmos com sugestões indesejadas e mais um curso que parece genial. O perigo é que entramos em uma lógica de consumir no lugar onde deveríamos abrir espaço. Então, além de cansados, seguimos nas estradas da vida de forma distraída.

Sem espaço, silêncio e tédio, quando teremos tempo para sentir nossas emoções ou imaginar novas realidades?

A média de tempo que o brasileiro passa conectado à internet em um dia comum é de nove horas e meia, acima da média global de quase sete horas. Três horas e 31 minutos é a média de tempo que o brasileiro fica conectado às redes sociais por dia. Se considerarmos nosso acesso à internet como um todo, passamos mais de 100 dias conectados por ano, ou seja, se destinamos cerca de oito horas de sono por dia, isso significa que passamos mais de 40% da nossa vida acordada anual usando a internet.[14]

Quando comecei a prática do Shabat digital, o objetivo era claro: telas desligadas aos sábados. O sábado era reservado para encontrar pessoas, ler, escrever, sair para dançar, ver a natureza, cozinhar. Havia exceções para o uso de tecnologia, como pedir um Uber, usar o Google Maps, colocar uma música e, claro, usar o telefone. Acredito que cada pessoa deva buscar as suas próprias regras para a prática de acordo com o seu estilo de vida, percebendo quando a tecnologia atua de forma essencial.

O principal benefício é entender o ritmo fora das redes e o que realmente demanda atenção. Aos poucos, o seu comportamento em rede vai mudando. Com o tempo, você começa a entender o que é realmente urgente e que, na verdade, nem existe tanta coisa urgente assim. Vai notando o ritmo da sua mente e o ritmo que as mídias impõem no seu dia a dia.

As redes sociais foram propositalmente desenhadas para liberar impulsos nervosos em nossos cérebros, que despertam essa sensação de prazer e recompensa proporcionada pela dopamina. Essa sensação não é duradoura, o que leva a um comportamento de querer mais a cada instante, uma vez que basta tê-la de volta com um *clique* (e vai embora na mesma rapidez). Esse hábito digital tem deixado alguns rastros negativos pelo caminho, como sobrecarga mental, cansaço, pressão, ansiedade, medo de não acompanhar o ritmo do mundo, a ocupação excessiva do tempo diário e, um dos maiores impactos, a perda da atenção ativa.

Nós nos expomos deliberadamente, inclusive sem ler as letras miúdas dos acordos de privacidade. As contribuições compartilhadas por todos nós na internet também acabam moldando a forma como enxergamos nossas próprias contribuições e valores. Os algoritmos entendem as mensagens e conectam pessoas com interesses comuns, formando bolhas ou, ainda, o que Byung-Chul Han chama de "infernos dos iguais":[15]

> (...) todo mundo hoje quer ser autêntico, ou seja, diferente dos outros. Dessa forma, estamos nos comparando o tempo todo com os outros. É justamente essa comparação que nos faz todos iguais. Ou seja: a obrigação de ser autênticos leva ao inferno dos iguais.

A economia da atenção funciona de maneira eficaz porque mira direto nos grupos e nas bolhas. O algoritmo está fazendo o seu trabalho lindamente. As pessoas são agrupadas pelas mídias e, para cada nicho, é mostrado o que consumir, como pensar, como se apresentar socialmente, o que compartilhar, o que expor, onde performar. A sociedade do desempenho é também a sociedade do consumo, em que a pessoa também cria uma publicidade de si mesma.

Não me entenda mal: conheço essa estrada de expor apenas o céu azul que abriu no único dia da viagem chuvosa. Sei da bagunça da mesa, deixada de canto, para focar na foto o prato da vez. Sei dos stories de quinze segundos que foram vistos mais de quinze vezes antes de serem postados – e centenas de vezes depois de postados, colocando-se no lugar de quem viu, alimentando a gula das expectativas e do ego.

Entendemos nossa identidade por um pacote de informações on--line, eliminando o tempo e o mistério da descoberta e da conexão. A sociedade do desempenho é altamente validada por não coisas, rápidas e efêmeras, que despertam sentimentos e gatilhos em forma de 🔥, ♥, 😮 e 💯.

Isso não causa absolutamente nenhuma surpresa para quem já passou nervoso por não ser confiável, legal nem sexy (o suficiente) no Orkut. Investi tanto tempo em organizar, mudar, deixar meus avatares mais atrativos... e, no fim, esses avatares acabaram me mostrando o que realmente era (ou não) parte da minha identidade.

É confuso. Não estar on-line ou receber atenção na internet é como não existir. Por outro lado, estar on-line o tempo todo dá vontade de sumir.

Quando prestamos atenção em algo, o olhar se fixa, a mente se concentra, o cuidado ganha a vez. Nossa atenção pode ser ativa quando direcionada, consciente da prioridade, focada nas necessidades, nos desejos e no bem-estar. A atenção passiva é aquela não direcionada, de várias abas abertas e notificações que pipocam a todo instante. Já a distração é tudo aquilo que tira o foco do que queríamos fazer inicialmente, no trabalho, em casa, com alguém. Distrair-se é interromper a atenção, e nós precisamos de distrações também. Tem dias que a noite é foda e a dor é grande, sei que você sabe como é. Nessas horas, a gente dá aquela escapadinha para desviar a atenção de algo que está machucando ou tirando a nossa energia. É compreensível.

Sinto que minha atenção é ativa on-line quando direciono a atenção para conversas, conteúdos e interações com a rede de maneira autêntica. Só que, na pegadinha do desempenho, parece necessário publicar e validar os feitos, mesmo os pequenos, em tempo real. Se a felicidade só é real se compartilhada, até onde vai a atenção cultivada?

Desde que me formei em Cinema não olho o mundo do mesmo jeito. Tudo eu coloco dentro de um frame, enquadro, reposiciono. É um costume que meus olhos aprenderam. Registro, logo existo. Percebo que estou presente se o enquadramento fica comigo inicialmente e depois vira foto. Percebo que saio do presente quando, na hora do registro, quero compartilhá-lo imediatamente em tela. Nós, seres humanos em rede, compartilhamos conteúdos enquanto refletimos sobre eles e continuamos a refletir e nos contar histórias após a validação e a resposta do outro. A pergunta é: que histórias estão realmente sendo contadas?

Estar off-line, registrando momentos sem os compartilhar na sequência, me faz interagir melhor com as experiências vividas e com a minha comunidade. Em uma sociedade que valoriza tanto a imagem, parece que vivenciar algo novo é um mix de tirar fotos com compartilhar nas redes sociais. Registro, compartilho, logo existo.

Não sei você, mas eu já disse muitas vezes que passaria menos tempo on-line. Tirei tudo da vista para não chamar minha atenção e, mesmo assim, lá estava eu por mais de uma vez sem conseguir cumprir a promessa. Na economia da atenção, quanto mais tempo dedicamos a alguma coisa, maior o sucesso de tal coisa. Onde colocamos nossa atenção é onde focamos tempo e dinheiro. É onde colocamos nossa vida.

Você pode até achar que as pessoas estão conscientes de como elas são os produtos na economia da atenção, mas pequenos recursos de design que fazem com que a nossa atenção seja sugada ainda passam despercebidos e impunes. O povo do Vale os desenha e aprimora para que sejam assim mesmo: imperceptíveis. Um exemplo disso é o recurso de puxar a tela para atualizar, algo que fazemos de maneira quase instintiva, sem pensar. Ou ainda uma notificação, que nos tira de onde estivermos para nos levar ao mundo de Nárnia das redes sociais. No Vale da Alta Performance Rápida, a moeda é a atenção. Já que parece impossível largar das distrações, ficaram comuns os sentimentos de querer tacar o celular na parede, de vício e de não se sentir bem.

Ficamos possuídos pelo ritmo on-line e nossa percepção sobre o tempo é outra. Você também tem essa sensação de que está tudo passando muito rápido mesmo sem sair do lugar?

Na cultura de aceleração de uma sociedade que só quer desempenhar, exploramos os nossos próprios recursos para participar de tudo que está acontecendo na rede, o que, na realidade, não é possível. A rede é enorme, veloz, impossível de ser zerada. Mas é melhor entregar os recursos do que encarar a face da improdutividade. Ou, ainda, a imagem da improdutividade na tela. A mente segue a compulsão, mesmo cansada, por design.

A gente percebe o mundo hoje a partir de informações que chegam por meio de telas. Essa percepção, por mais expansiva que seja, é limitada. O documentário *Dilema das Redes*[16] popularizou a discussão sobre como as redes sociais impactam no vício em internet, extremismo político, consumo inconsciente e desinformação geral. Tristan Harris, cofundador do Center of Humane Technology, e uma das personalidades entrevistadas, trabalha incentivando empresas e designers a respeitarem o tempo das pessoas e criarem produtos que tenham como objetivo final algo diferente, para além de vender publicidade. As empresas possuem responsabilidades e podem ajudar as pessoas a partirem para uma nova realidade. O futuro da tecnologia e da humanidade pode ser sombrio e assustador, como apresentado nesse documentário, ou pode ser mais humano.

Tudo isso me lembra a autora Aline Valek,[17] que escreveu:

> Tenho preguiça das redes. Que é diferente de ter preguiça na rede. Quero fechar tudo, dar as costas e adeus, até nunca mais. Quero voltar com o blog, é isso. Começar a escrever sem saber onde vai dar e clicar em "enviar" sem pensar demais. Que saudades eu tinha disso. Tenho saudades de trocar cartas, de trocar e-mails com os amigos. Era bom quando as pessoas se escreviam. Ou vai ver sinto falta é dos amigos. Eu sei, eles estão nas redes. As redes me avisam que eles estão interagindo comigo, mas me parece estranho conversar num lugar onde todo mundo está fazendo propaganda. É como se a gente só se encontrasse dentro de shopping. E se encontrar em shopping, pelo amor de DEUS, é coisa de jovem.

Eu me sinto como Aline, tentando encontrar meus amigos e ouvindo os ruídos barulhentos das lojas on-line ao redor e das propagandas de todos (inclusive as minhas).

É impossível ficar por dentro de tudo. O feed não tem fim, a timeline não tem fim, as playlists não têm fim, as notícias não têm fim. Assim funciona a Economia da Atenção. Ela foi feita para ser assim e, mesmo sabendo disso, nos afogamos constantemente.

O mundo vai ficando mais acelerado via tecnologia.

A gente precisa de mais espaços de (c)alma.

Capítulo 4

A navegação dos afogados

> Requer coragem dizer sim para o descanso em uma cultura
> onde a exaustão é vista como um símbolo de status.
>
> BRENÉ BROWN

Saindo de Jerusalém, sabia que meu trabalho não seria mais o mesmo. Voltei para o Vale do Silício avisando meus amigos que aos sábados eu não estaria on-line e pedindo que me ligassem em casa se quisessem me achar. Foi quando descobri o número do telefone do meu apartamento, depois de três anos morando no mesmo lugar. Também comuniquei a mudança aos meus clientes, confiando na intuição, nadando contra a corrente. Lidei com alguma incompreensão, mas ainda acreditava que era um movimento necessário.

No Vale da Alta Performance, muitos correm sem prestar atenção e terminam o dia cansados e com a sensação de não ter realizado nada. A agitação do dia a dia faz com que muitas pessoas não tenham brechas de respiro nem tempo para comer, para dormir bem, para ficar com pessoas que gostam ou para cuidar de si mesmas. Ficam anos sem consultar médicos, se desligam do cuidado com o corpo e colocam o que podem para dentro, já que, com o tempo que sobra, só resta o salgadinho mais próximo. A pressão do dia a dia consome toda a nossa energia e consumimos mais coisas on-line para nos distrairmos. Descansar? Até queremos. Difícil é desenvolver a habilidade e lidar com a pausa em um mundo que não para; a cabeça fica ligada e ativa 24/7.

No livro *24/7: Late Capitalism and the Ends of Sleep*,[18] o pesquisador estadunidense Jonathan Crary critica a constante demanda por produtividade e consumo em uma sociedade que opera 24 horas por dia, 7 dias por semana. Para Crary, esse modelo consome os períodos tradicionais de descanso e desconexão de que o corpo humano necessita, afetando profundamente nossa saúde mental e física, já que a infraestrutura 24/7 transforma o mundo em uma espécie de máquina que nunca para, exigindo desempenho constante dos sistemas e, claro, das pessoas. Em um sistema capitalista, tudo, incluindo o tempo humano, é visto como um recurso a ser otimizado. Então, essa pressão de estar sempre ativo chega em todos nós, alterando nossa percepção sobre o tempo e o espaço.

O mundo ocupado apresenta certo glamour. Trabalhar durante longas horas e dar duro até a exaustão é visto, muitas vezes, como o caminho para o sucesso. É como se toda a existência humana pudesse ser definida pelo número de atividades concluídas da lista, voltas do círculo de atividade no iWatch ou quanto mais atividades é possível colocar em menos tempo. Não estar em atividade é inevitavelmente visto como preguiça, moleza, vagabundagem ou perda de tempo.

> Nós glorificamos o estilo de vida, e o estilo de vida é: você respira alguma coisa, dorme com alguma coisa, acorda e trabalha nisso o dia todo e depois vai dormir.
>
> Anat Lechner

Trabalhar longas horas é inevitável para muitos. Porém, o excesso de trabalho não é bom para ninguém. Em uma entrevista, Marina Maia, psicóloga clínica e do trabalho, me disse que tentamos distribuir a atenção para dar conta de mais de uma coisa ao mesmo tempo porque somos cobrados por isso constantemente, especialmente as mulheres:[19]

> Houve uma naturalização de que as mulheres dariam conta porque elas cuidam da prole e da cozinha. Cuidam dos filhos ao mesmo tempo que arrumam a casa e entram na lógica do enquanto. Só que essa lógica tem um custo físico, cognitivo e afetivo muito alto e, na verdade, o cérebro está distribuindo a atenção. A nossa visão periférica não é das maiores – nós temos uma visão focal e unifocal em relação às atividades que estamos fazendo. Então, quando você faz mais de uma coisa ao mesmo tempo, isso na verdade gera uma sobrecarga cognitiva muito grande, e o seu cérebro vai ficar muito mais cansado por conta disso.

Não é questão de dar conta. O preço é alto e a conta chega. Costumo dizer que o apressado come cru e o ocupado come queimado. Quantas e quantas vezes já não ouvi histórias e até mesmo presenciei momentos assim, de alguém deixar algo na panela, ir responder a uma mensagem e queimar a comida toda! Como apressada, já queimei a língua. Como ocupada, já aconteceu erro, descuido e queda na escada.

A Marina me contou que algo que chama sua atenção nos programas de TV de reforma e design é que as mulheres buscam pelo conceito aberto para que a mãe na cozinha possa enxergar os filhos na sala. Não é que as mulheres façam mais de uma coisa e sejam naturalmente multitarefa; elas fazem, muitas vezes, porque não têm suporte nem alternativa.

Até conseguimos fazer mais de uma coisa ao mesmo tempo, como lavar a louça, ouvir um podcast e ficar de olho na roupa e na comida no fogão. A gente faz esse tipo de coisa o tempo todo. Até mesmo combinações agradáveis que nos fazem sentir bem e em alta performance, como ouvir música durante uma corrida de manhã. É uma faca de dois gumes. Do outro lado, encontramos o risco, o fogo ligado sem a panela, a mensagem durante o trânsito, as várias abas abertas de coisas inacabadas que pesam mentalmente. Pesa tanto que as abas se abrem em sonhos.

> É o famoso não acaba quando termina, porque, se você leva para o sonho, isso significa que continua trabalhando. E já acorda atrasado! Mentalmente essas abas ainda estão abertas, todas elas. A analogia com o computador é boa para entender. Um computador ligado vários dias, sem desligar, com várias abas abertas, onde todo dia uma aba nova se abre... Chega uma hora que a única solução é fechar, desligar e reiniciar, até porque o computador de tempo em tempo precisa de atualização. Senão ele vai travar.[19]

Estamos nos movendo mais rápido, consumindo mais, abrindo mais abas sem reiniciar, ficando mais impacientes e frustrados. Não importa a que nível de otimização se chegue, o mural de motivação do mundo sempre mostrará recados de que há como ser melhor. Em vez de buscarmos progressos em nossos ciclos, a procura pela perfeição toma todo o lugar da experiência de viver e aprender com os tempos de ser.

Uma sobrecarga acontece quando supervalorizamos a nossa capacidade de realizar as coisas e subestimamos o tempo e a energia de que dispomos. Ao chegar em um estado de sobrecarga, muitas pessoas relatam paralisar, literalmente sem conseguir se mover ou tomar uma atitude, mesmo que a mente não pare.

A disponibilidade total é uma ideia central no trabalho de Jonathan Crary. É justamente essa expectativa de que os indivíduos estejam sempre prontos para consumir, produzir ou, ainda, estejam sempre acessíveis que ele critica em sua obra. A conectividade constante é que promove e permite essa realidade.

Já fiz tudo que você puder imaginar pra ter uma relação melhor com a internet: limitar o tempo em aplicativos, remover notificações, silenciar todo mundo em todo canto, não ter redes sociais no celular e ter menos redes sociais de forma geral, não receber ligações de números desconhecidos, estabelecer blocos de tempo para responder pessoas, deixar a tela do celular em preto e branco, bloquear aplicativos com senha, colocar o celular em uma caixa com cadeado ou esconder o aparelho, seguir menos gente, não usar internet aos sábados, desconectar por dias – isso só para citar algumas tentativas. Muito do que fiz me poupou tempo e reduziu minha ansiedade.

Acontece que o lado sábio do nosso cérebro nunca vai gerar sensações ruins, mas o lado crítico sim. O lado crítico, autossabotador, é reativo. Ao se sentir ameaçado, ele entra imediatamente no modo de defesa, doa a quem doer. Se a grama da vizinha tem mais likes que a minha, imediatamente o lado crítico fará doer algo em mim. Imediatamente me fará perguntar sobre o que não reguei, sobre o que não fiz, sobre onde errei. A insegurança irá se misturar com o imediatismo, e a vontade que dá é de jogar tudo para o alto e sair correndo, mas sem conseguir sair do lugar, rolando o feed, consumindo (insira o que preferir) para ver se algo muda (rapidamente!).

Melhor que mirar no jardim do outro é cuidar do meu próprio jardim. Não posso construir muros para não olhar a grama alheia, mas posso lidar de outra forma com o que me dói.

A internet é bela e louca e, através dela, nos reconhecemos. Olhar-se no espelho é difícil. A natureza do reconhecimento é complexa, já que buscamos ser reconhecidos de formas diferentes por pessoas diferentes. Descobrimos sobre nós mesmos entre os outros e comunicamos aprendizados com os outros sobre nós. Hoje usamos (muito) a tecnologia e a internet para fazer essas descobertas.

Uma foto descansando me faz lembrar do quanto valorizo aquele momento. Ao mesmo tempo, busco a validação pelo uso do meu tempo enquanto compartilho o que valorizo, como se aquilo fosse a aprovação pela decisão que tomei. O descanso aconteceria da mesma forma se eu não tivesse postado nada, mas e a validação?

Estamos inseridos em um sistema cansativo. Não bastasse ter que dar conta de tudo, ainda é preciso saber a reação do outro para validar a experiência. Pensamos na reação antes mesmo de a ação existir. É como querer visitar um lugar pensando na foto que vai para o feed. Ou começar um relacionamento pensando no casamento. Focar no engajamento antes da conexão e do relacionamento.

*Fake until you make it,** dizem. Mas e o medo de ser descoberto pela "patrulha da fraude" que um dia vai bater à porta, desmascarando o grande impostor que existe por trás dessa pessoa que não dá conta de tudo, que mais posta do que vive? Que está afogada em dados enquanto anseia estar envolta em abraços? Que procrastina por cansaço e que se culpa por parar?

Esse movimento naturalizado do sistema é tão cruel que, em determinado ponto, fica até difícil entender o que é prioridade e o que não é. Afinal, tem gente que dá mesmo conta de tudo e tem milhões de seguidores para confirmar (vai vendo...). Somos intoxicados e entorpecidos com o discurso de que, para fazer, basta levantar a bunda da cadeira e agir. Melhorar o currículo, fazer sucesso e expandir só depende de força de vontade e trabalho duro.

Já percebeu quantas vezes falamos das nossas conquistas com base na dificuldade que foi para realizar? Quanto mais duro, difícil e sofrido, mais alto o pódio. Esse é um discurso perigoso, sabe? Não dá para analisar o sucesso só pelo mérito. Todo mundo tem jornada anterior, ancestralidade, desafios de vida, estruturas diferenciadas de cultura, recursos financeiros, afetivos e relacionais. Tudo isso afeta a forma como cada um passa pela própria história e o que constrói durante a vida. Entretanto, o trabalho nunca tem fim e sempre terá alguém "dando conta" e "chegando lá mais rápido". É inevitável não

---

* Em português, significa "finja até conseguir". É um adágio americano que ensina a fingir que sabe ou é alguma coisa até que isso se torne realidade.

se comparar e, sob as lentes da comparação, a gente dá de cara, frequentemente, com o medo, a ansiedade e a vergonha.

Uma visão competitiva coloca a imposição de que devemos ser melhores que o outro para sermos bem-sucedidos, focando no externo. Para mudar essa chave, é preciso sair da comparação para a criatividade, focando no interno. Essa mudança só é possível abrindo espaço para o silêncio, o tédio e o descanso.

> Martin Heidegger, um dos filósofos mais famosos do século XX, disse que o tédio expõe uma verdade fundamental e assustadora sobre a existência humana: que tudo em nossas próprias vidas acabará perdendo seu significado. O trabalho com o qual você está tão animado agora acabará perdendo todo o significado para você. Esse objetivo pelo qual você tem se esforçado logo parecerá vazio. O tédio expõe o vazio que todos nós desejamos preencher.[20]

Quando aceitamos o silêncio, duas verdades se tornam aparentes. A primeira é que são nossas vozes internas que nos apontam caminhos. A segunda é que, no silêncio, residem não apenas as dúvidas, mas também as perguntas certas. Quando encaramos o tédio, temos a oportunidade de perceber nossas reações diante das nossas vozes internas. Abrir espaço para o tédio é enfrentar medos e insatisfações. Quando o descanso está presente, ressignificamos distrações e atividades e damos espaço para ações com significado entrarem em nosso dia.

É nesses espaços que podemos explorar novas ideias, processar os pensamentos e sentir. O que me preocupa em ver o mundo nessa aceleração é que, se não pisarmos no freio, entraremos coletivamente em colapso.

> Saúde mental não é usar medicação ou fazer tratamento para se tornar mais produtivo dentro da loucura neoliberal, mas fazer uma oposição a isso. Poder questionar suas metas, as pressões que você recebe de fora.

Ou seja, questionar o modo de vida coletivo. Saúde mental é poder dizer não a certas coisas que não são aceitáveis. Não tentar loucamente se adaptar a elas.[21]

Independentemente do nível de correria e canseira, o sistema manda a fatura para todos. Ela é alta, e as dívidas não parecem cessar quando o sucesso chega. Perdi as contas de quantas pessoas que acredito serem bem-sucedidas já me disseram que sofrem com a síndrome do impostor e com sobrecarga mental. Vamos engolindo discursos e narrativas de pressa que geram uma responsabilidade individual e nos fazem sentir que a culpa do cansaço e do estresse no trabalho é nossa! É importante separar o que são práticas sociais do que é nosso de forma individual.

A lógica da alta performance que corre apressada é que o pouco de que damos conta não é o suficiente. Passamos, então, a exigir muito mais de nós mesmos em um sistema que cobra o máximo de capacidade o tempo todo, beirando o impossível. É o sistema que precisa ser questionado, o discurso naturalizado de que é impostor aquele que não dá conta. Oras, eu lhe pergunto: você sabe do que realmente deveria dar conta?

A aceleração constante que passamos e a demanda por disponibilidade total estão corroendo os ritmos naturais e as necessidades humanas mais básicas, como o sono. Você percebe como isso é uma forma de desumanização? As necessidades que são inerentes ao ser humano estão sendo subjugadas às exigências de um mercado que nunca dorme.

Quando o esgotamento vira doença

No mundo do trabalho, muitas vezes, você é levado a realizar as coisas sem soltar um pio a respeito do modo de trabalho. Se questionar, é rua. É a realidade de muitos que precisam garantir o pão de cada dia e seguem em silêncio sobre o peso que carregam. Não à toa, converso com frequência com gente estafada, cansada e preocupada. Conheço quem já queimou a cachola por conta do estresse crônico no trabalho que não foi cuidado de maneira apropriada, a conhecida condição de burnout.

Em 1981, Christina Maslach, professora de psicologia da Universidade de Berkeley, desenvolveu uma métrica para o burnout.[22] O MBI (Maslach Burnout Inventory) avalia o burnout com base em três critérios:

- Exaustão ou total falta de energia.
- Sentimento de cinismo ou negatividade em relação a um trabalho.
- Eficácia ou sucesso no trabalho reduzido.

Um perfil de burnout requer uma pontuação alta em todos esses três critérios. É interessante entender esses critérios porque, muitas vezes, o burnout é associado ao cansaço e à falta de energia apenas. É importante dar atenção aos outros pontos. Você sente que seu trabalho não é mais tão interessante? Que ele apenas paga as contas? Ou ainda que nem liga sobre o que tá fazendo? Burnout é algo complexo de medir. No entanto, se está trabalhando longas horas, sentindo-se ineficaz e totalmente desengajado da vida, preste atenção no alerta.

Já há muito tempo, as pessoas continuam navegando afogadas, questionando-se sobre o que fazer com seus recursos. Por ser uma parada séria e bem complexa de diagnosticar, é o tipo de condição que precisa de acompanhamento médico-terapêutico. Entendo que pode bater vergonha e que é um estado de extrema vulnerabilidade. Por isso, é uma boa procurar terapia antes para orientação sobre como trazer o assunto para o RH ou para a chefia. Muitas chefias também estão no modo exaustão.

Infelizmente, poucos são os ambientes de trabalho onde os colaboradores têm segurança psicológica suficiente para conversar abertamente sobre suas questões e seus medos, quem dirá impor limites que preservem seu bem-estar. Inclusive, há profissões mais acometidas pelo burnout, como profissionais de saúde, jornalistas, professores, psicólogos, bancários, assistentes sociais, executivos, produtores. O sistema de trabalho delas muitas vezes é pautado pelas urgências, pelo imediato, deixando a cultura mais propícia ao esgotamento.

Entendo que seja difícil falar sobre esse esgotamento, ainda mais nessas profissões citadas.

No meu ponto de vista, a sociedade nos traz uma visão distorcida do que é prioridade. Somos educados a crescer, estudar, trabalhar, nos matar pelo trabalho, consumir, ter uma família, procriar, morrer. Mas e as necessidades que nos tornam *humanos*? Estamos jogando-as para escanteio?

Antes de escrever este capítulo, fizemos um desafio na Comunidade Trilhas, da qual sou fundadora, questionando os membros sobre o que os impede de descansar. Algumas das respostas elucidam os pensamentos que trago aqui:

> Pra mim o maior impedimento do descanso é justamente a forma de descansar.
>
> Não acredito em um descanso online, conectado de qualquer forma que seja com estímulos eletrônicos.
>
> Na minha opinião, acessar uma rede social por si só já é uma pressão pra ser produtivo, bem sucedido e pleno em todas as áreas da vida. E, nem sei, alguém descansa rolando o feed das redes?
>
> Caminhar ao ar livre era um descanso e tanto, mas inventei de ouvir podcast enquanto caminhava e a cabeça passou a ir a mil pensando em projetos e planos para o futuro. Passei a voltar mais cansada do que fui rs.
>
> Recentemente redescobri o bordado como forma de descanso e tem sido uma delícia para zerar o barulho da mente e exercitar o foco, mas, quando vi, estava aprendendo a lidar com a imperfeição e pensando em métodos pra bordar melhor. Será que deixou de ser descanso?
>
> Aliás, alguém aí descansa?

> Esse é um dos meus principais pontos de atenção na terapia. Ano passado quando passei um tempo descansando depois de ter tido ou quase tido um burnout (não cheguei a investigar muito a fundo). Decidi passar o mês de dezembro sem clientes e sem buscar emprego. Mas essa última parte foi muito difícil. Me sentia completamente inútil e sem nada pra fazer se eu não - pelo menos - olhasse o LinkedIn todo dia.
>
> E é uma situação muito controversa e doida. Eu parei o trabalho, pqe eu precisava descansar e entender quais seriam meus próximos passos, sabe? E pra isso precisava desconectar. Mas nunca fiquei tanto tempo nas redes sociais, nunca tinha tido tanta crise de ansiedade e nunca briguei tanto com o pobre do meu namorado hahahah
>
> Pra mim, ainda é muito difícil desacelerar. Tenho tendências workaholics e não me sinto completa se não tô "no corre", sabe? Esse desafio vai ser beem interessante pra mim. Tô numa empresa incrível que me permite o descanso e a desaceleração, maaaas o MEU ritmo ainda se mantém muito acelerado e me pego frenética de vez em quando. hahahah
>
> Em resumo, o que me impede é a pressão de estar "produzindo", mais interna que externa. E o famoso FOMO, né? Sinto isso demais e quero estar presente em todos os lugares possíveis da internet ao mesmo tempo. 😅

> Querid@s Lendo os relatos de vocês me enxergo em várias situações, mesmo tendo hoje em dia uma vida mais sossegada e sem a pressão de um trabalho extenuante ou de filhos pequenos. Ainda assim sou a rainha de procurar mais coisas para fazer do que tempo disponível. Me identifiquei com a @Luciana Aki quando ela fala do bordado...eu vivia buscando trabalhos manuais para relaxar e ou ficava na pilha para acabar ou me culpando por não terminar ou não ficar perfeito. E ás vezes, por não saber dizer não, acabo me propondo tarefas cujo cumprimento se tornam pesadelos. Fui criada numa cultura de que não fazer nada é atestado de preguiçoso e sempre me vejo, como boa geminiana, fazendo mais de uma coisa ao mesmo tempo. Ultimamente tenho me dado conta de como isso cansa. Já saquei também que ouvir podcasts enquanto realizo outras tarefas está me cansando mais do que distraindo. Amo ler e tenho me imposto uma rotina de pelo menos uma hora com um bom livro(que não seja de astrologia). Tem sido bom!😊🖤

Junto a você, tem muito mais gente cansada, eu garanto. Se você cansou, fique comigo ao longo destas páginas, que vamos conversar sobre alguns caminhos possíveis, como abrir espaço (físico e mental), reconectar-se com a natureza, estar com sua rede e treinar o descanso.

Ainda fazendo referência às ideias de Crary, o sono representa um dos últimos redutos de resistência ao modelo de capitalismo 24/7. É uma forma de escapar da lógica do mercado constante, como uma desobediência ao impulso para a produtividade ininterrupta. Nos próximos capítulos, você entenderá o porquê.

Muitas vezes, olhar para isso ajuda a sair de um estado de exaustão e evitar um possível problema. Em um mundo acelerado e cheio de pressão, prevenir um burnout é importante. Depois, é preciso entender como fazer uma dinâmica mais saudável funcionar para manter mente e corpo descansados. Seja com você mesmo, na empresa, seja com seu time de colaboradores... será um desafio! Mas ninguém mais aguenta essa realidade de hora extra não remunerada, prazo apertado e trabalho entregue correndo à custa de noites mal dormidas. Ninguém aguenta ser produtivo 24/7.

Se a água está batendo na boca, você já está afogando. Cuidado.

Capítulo 5

O caminho do cuidado

> Nós ouvimos muito as pessoas que pensam rápido
> e superficialmente, e muito pouco as pessoas que
> pensam devagar e profundamente. Ser rápido em
> seus passos pode fazê-los parecer inteligentes, mas
> isso não significa que eles sejam sábios. Grandes
> decisões pedem cuidadosa consideração, não
> respostas rápidas.
>
> ADAM GRANT

A experiência de abrir espaços aos sábados para o Shabat digital me ajudou não apenas a desnormatizar a pressa, mas também a respeitar o meu jeito devagar de viver. Sempre achei, desde criança, que eu levava mais tempo para aprender as coisas do que as pessoas ao meu redor. Quando busco aprender algo, quero entender as origens e as conexões, então naturalmente aprender me toma mais tempo, porque o faço devagar e profundamente. Saboreio o conhecimento e a experiência até lentamente eles fazerem parte de mim. O que antes eu via como um defeito de fábrica hoje encaro como meu superpoder. Devagar é rápido.

A consciência de passar um dia todo desconectada me fez perceber o meu verdadeiro ritmo, em que minha ação não precisa ser imediata e é possível respirar com menos ansiedade. Não dá para acelerar os processos da alma e os ciclos da natureza. Para passar pelos desafios da vida é preciso cultivar o cuidado.

Quando passamos a cuidar, deixamos de querer preencher tudo, categorizar tudo, de dar ação ao "tempo morto". Deixamos de querer controlar o tempo. Aliás, por que queremos controlar o tempo? Por que temos tanta dificuldade de encarar os espaços vazios em nossas vidas?

Qual imagem aparece na sua mente quando você pensa em espaço? Algo vazio? Acho que isso ocorre para maioria das pessoas. No entanto, se você imaginar um pouco mais, vai perceber que espaço nem sempre é assim. Existe um conceito em japonês chamado *yutori*, que, assim como o *ikigai*, é de difícil tradução. Refere-se a amplitude, a ter tempo suficiente e bem-estar para aproveitar a vida sem estar em constante pressão. Gosto desse conceito, pois é interessante pensar o espaço como uma possibilidade de satisfação com a vida.

Imagine o que você pode fazer com o espaço, seja ele físico ou temporal. São inúmeras as possibilidades, não é? Existem realmente muitas formas de interpretar a palavra espaço. Na prática, no entanto, sabemos o que acontece com os espaços no mundo de hoje: eles são preenchidos. Com tarefas, com cobranças, com atividades extracurriculares, com mídias e memes. Com trabalho.

Acontece que, para atendermos ao desejo de uma vida com mais significado, precisamos de espaço. Não dá para preencher toda a agenda com ocupações que irão nos impedir de descobrir o que é realmente essencial e significativo em nossas vidas. Precisamos de espaço para continuar examinando nossas vidas e a nós mesmos.

Aprendemos as coisas da vida examinando bem de perto o que está ao nosso redor. E o nosso cérebro tem uma forma muito interessante de aprender, que é simplesmente variar entre estados de foco ou estados difusos. O Método Pomodoro* é tão eficiente por isso: faz com que o praticante varie de um modo de foco para um modo difuso, de descanso. Esse shift para o modo de descanso permite uma nova perspectiva e ajuda as conexões cerebrais a se formarem.

Se você quer aprender algo novo, tem que exercitar estados de foco e estados difusos. Para isso, precisará subtrair: eliminar excessos, dívidas, tralhas, distrações. Praticar silêncios, tédios e descansos.

São tantos os excessos que nos afastam dos nossos espaços de aprendizado. É a culpa, o peso do passado, a bagunça, o vitimismo, a codependência, as zonas de conforto, as desculpas e, é claro, a pressa.

> **Para onde vamos com tanta pressa?**

Harmut Rosa, sociólogo alemão, explora em suas pesquisas como a modernidade ocidental acelera o tempo de formas que afetam o indivíduo e o coletivo. Para Rosa, vivemos em uma sociedade de aceleração, em que há uma pressão constante para viver mais em menos tempo. A percepção do tempo se torna um recurso cada vez mais valioso, já que a escassez dele influencia a forma como vivemos, inclusive criando a pressão para otimização de cada momento e para realização das atividades em modo multitarefa. Isso vai afetando tudo ao nosso redor: as interações, o trabalho e até mesmo nossa percepção de bem-estar.

Rosa divide a aceleração em três categorias principais:

- Técnica: como as inovações tecnológicas permitem que façamos as coisas mais rapidamente.
- Transformações sociais: como as estruturas da sociedade nos exigem eficiência e velocidade.

---

* Método de gerenciamento do tempo que consiste em intercalar o trabalho com breves intervalos, tipicamente a cada 25 minutos.

- Mudanças e ritmos de vida: como os eventos da vida e as experiências passam rapidamente, como se o tempo estivesse voando.

Com a aceleração tecnológica e social, o que acontece é que estamos sempre tentando encaixar mais atividades em blocos de tempo cada vez menores, o que provoca um aumento de estresse e diminuição da qualidade e do engajamento em cada atividade, porque a atenção é dividida em múltiplas demandas. Rosa fala que a solução para a aceleração reside na "ressonância",[23] pois a qualidade de uma vida humana não pode ser medida simplesmente em termos de recursos, opções e momentos de felicidade; em vez disso, devemos considerar a nossa relação ou ressonância com o mundo.

A ressonância seria, então, uma interação na qual nos sentimos verdadeiramente conectados e afetados pelo que nos rodeia, em vez de apenas processar informações e experiências de maneira superficial e acelerada. É preciso termos abertura para sermos tocados e transformados pelas nossas experiências essenciais, contrariando a tendência da aceleração e superficialidade na nossa relação com o tempo, com os outros e com o mundo.

O tempo tem aspectos individuais e coletivos e, enquanto estivermos procurando a felicidade no supermercado, a agenda continuará cheia de atividades insatisfatórias. É claro que eventos externos a nós influenciam a forma como experienciamos a felicidade no dia a dia, mas a verdadeira satisfação vem de um contentamento que começa dentro de cada pessoa, considerando o que é essencial.

O essencialismo, no campo da filosofia grega, é a essência natural de um particular (pessoa, objeto etc.). Não envolve os aspectos externos. A filosofia essencialista observa o que torna o particular ser quem é; sem isso, esse particular deixaria de existir. Trata-se da sua essência natural de existência.

O ponto de vista da linha filosófica sobre o essencialismo remete à crença na existência das coisas em si mesmas, não exigindo qualquer atenção ao contexto em que existem. Em outras palavras, o essencialismo filosófico contempla a coisa por si. Comumente usa-se o seguinte exemplo para explicar a ideia de essência natural: Sócrates não poderia deixar de ter a propriedade de ser um ser humano, mas poderia não ter sido ateniense, se tivesse nascido em outra cidade. O externo é só uma característica mutável. A essência, não. Inclusive, há muitas críticas a essa linha filosófica, pois desconsidera as questões culturais e sociais que influenciam a essência particular dos indivíduos.

No entanto, na linha da organização, o autor Greg McKeown não mergulha necessariamente nesse conhecimento filosófico, mas utiliza parte desse pensamento para construir o que acredita ser um *processo atitudinal* de buscar as coisas que fazem sentido na vida. Essas coisas se tornam a essência da pessoa, pois são o que direciona sua atenção e energia de ação no mundo.[24] McKeown afirma que o sentido das coisas está no simples, em se desfazer do excesso de insumos informacionais que nos invade em diversas frentes. É o olhar para dentro, observando entre o que o ambiente externo impõe a ser (e consumir) e o que realmente importa a você. É a busca pela essência natural de quem você é.

O autor observa que a abertura para o mundo on-line e síncrono também abriu um excesso de ofertas de informações que nos fazem encarar uma explosão de escolhas, as quais não estávamos preparados para efetuar. Dessa forma, as pessoas estão deixando de ser seletivas, deixando de fazer escolhas e tentando realizar um pouco de tudo. O resultado é a sobrecarga mental, física e emocional.

Greg McKeown afirma que o essencialismo está ligado à mudança de modelo mental direcionado à tomada de decisão não reagente, ou seja, que tem intencionalidade na decisão e não está apenas reagindo ao momento (como responder imediatamente à chegada de notificações, por exemplo), porque tem consciência do que é importante naquela situação e sabe exatamente o que priorizar. O essencialismo, portanto, é um movimento atitudinal que cuida do tempo e demais recursos.

O caminho essencialista tem três pontos importantes:

- Escolher conscientemente.
- Eliminar o excesso.
- Aprender a dizer "não".

Essas etapas ajudam a direcionar melhor a atenção para projetos e situações que trarão mais resultados de impacto positivo para a vida das pessoas, além de colaborar para abrir espaço para uma vida mais satisfeita ao focar no que realmente importa.

A Regra de Pareto, oriunda da economia, se popularizou por ser aplicável a muitas outras situações e acabou sendo adotada como ferramenta de gestão. Esse princípio postula que, com 20% de esforços, é possível obter 80% dos resultados. Transpondo para o movimento essencialista, o objetivo de ter mais atenção a menos coisas também pode ser aplicável, pois focar no menos pode trazer mais qualidade no resultado.[25]

Temos uma visão muito nítida de como ser rápido permite fazer mais e mais coisas, mas isso não significa que o resultado produzido será o melhor. É incrível como fazer as coisas com (c)alma melhora a qualidade e, principalmente, a experiência! Um encontro é muito mais gostoso quando há tempo para uma longa conversa com quem se está conhecendo. Uma paisagem é muito mais bonita quando há tempo para apreciar a vista. A louça fica mais limpinha quando não é lavada às pressas.

O que o essencialismo propõe, portanto, é uma mudança de mentalidade do "eu tenho que fazer" para "eu escolho fazer". O propósito do movimento é encontrar o valor do que é importante para você e priorizar isso na sua jornada de vida.

> Cuide daquilo que você escolhe fazer.

Não vivemos em uma *sociedade alternativa*, como bem cantou Raul Seixas.[26] Temos um sem-número de obrigações que não necessariamente consideramos fundamentais ou importantes em nossas vidas e, ainda assim, precisamos realizá-las. Contudo, o essencialismo entra exatamente na parte em que podemos ter escolhas, ter cuidado e encontrar o valor de ser em nossos contextos individuais, pois é nesse ponto que é possível achar o equilíbrio entre a *produtividade* que o mundo acelerado e imprevisível impõe e a *vida leve e de valor* que se deseja.

Keller e Papasan, autores do livro *A única coisa*,[27] afirmam que, ao inserir propósito em sua vida, reconhecendo as prioridades e colocando o foco nessa proposta, será possível alcançar a alta produtividade na prioridade que mais importa a cada dia; por consequência, sua vida se constitui de mais sentido e o extraordinário se torna possível. Os autores ainda reforçam que o sucesso se relaciona muito mais com um trabalho interno e que o mundo se organiza quando você coordena o que é mais importante na sua vida.

O essencialismo, no fim das contas, leva para o caminho da autenticidade, da descoberta sobre a essência de quem somos, ao perceber o que realmente importa. De acordo com Alex Wood, em um artigo no Conselho de Psicologia, ao se tornar um ser mais autêntico, ou seja, conectar-se com as questões essenciais, o indivíduo tende a ser mais seguro de si, consciente, aberto e adaptável a mudanças.[28] As tomadas de decisões tornam-se mais assertivas porque são feitas à luz do que ele considera importante na sua jornada.

Teorias que falam sobre habilidades essenciais para enfrentar as transformações do mundo, as *core skills*, afirmam que a autenticidade provoca a ver e compartilhar da jornada de conhecimento sobre si mesmo, pois o processo se torna mais interessante que o resultado.[29]

A proposta do essencialismo também se relaciona com a filosofia chinesa milenar do taoismo, a qual diz que tudo de que precisamos está dentro de nós mesmos. O desafio é que, distraídos pela pressão das demandas do mundo sobre o nosso ego, acabamos nos desconectando de nós mesmos e nos afastando da nossa essência. Sendo assim, o essencialismo, nesse caminho de cuidado com o tempo que proponho aqui, direciona o explorador ao autoconhecimento, ao pertencimento a si mesmo e à caminhada de retorno ao que é importante e de valor à sua vida, tudo isso com muita consciência e intencionalidade, olhando para dentro e percebendo o tempo.

O planeta enfrenta grandes questões nesse momento: desafios tecnológicos, políticos e sociais. Trabalho remoto, algoritmos, big data, aquecimento global, terrorismo, inteligência artificial, distribuição de renda, educação, pandemias. Enquanto nas redes sociais as pessoas exibem o sucesso e a vida boa, reportagens mostram que as taxas de depressão e ansiedade só aumentam.[30] A conta não fecha. Nossos problemas atuais não serão resolvidos com as mesmas histórias de consumo, distração e destruição que contamos todos os dias.

Precisamos de espaço para sonhar, imaginar e criar novos mundos.

O sucesso foca na construção de um capital humano de conhecimento que envolve não apenas o consumo e a correria de realização, mas também o tempo para as experiências de vida, de relacionamentos, desenvolvimento de habilidades, contemplação, hábitos e construção de memórias. Enquanto a velocidade for usada como medida de desempenho, continuaremos cansados e aquém do nível de produtividade esperado. A mentalidade de encaixar o máximo em menos tempo resulta em esgotamento e frustração, enquanto desacelerar pode ser muito mais rápido para alcançar o que se almeja.

Em 1986, na Itália, Carlo Petrini iniciou o movimento Slow Food, como uma resposta ao fast food, promovendo a gastronomia local, métodos de agricultura sustentáveis, conexão com produtores de alimentos e consumidores. A ideia do movimento é saborear os alimentos com atenção, apreciando suas características e origem. Como extensão do Slow Food, vemos o movimento de Slow Cities, em que cidades adotam políticas para preservação de tradições locais e qualidade de vida dos habitantes, reduzindo o tráfego de veículos ou ainda incentivando produtores locais. Slow Living é o estilo de vida que enfatiza um ritmo mais calmo, com mais tempo para atividades significativas, conectadas ao bem-estar, à comunidade e à natureza. A cultura slow, ou movimento slow, pode ser vista como uma resposta à cultura de aceleração. É um campo de pensamento e ação que se opõe à cultura de velocidade, valorizando o descanso, desconexão, pausa, convivência, saúde, comunidade, humanização. Ele desafia a noção de que mais rápido é melhor e resgata a sustentabilidade em diversas esferas da atividade humana.

Michele Prazeres, fundadora do Instituto Desacelera e pesquisadora do tema aceleração social do tempo, diz:[31]

> Slow não é sobre ser devagar, sobre ser lento ou coisas até que geram um certo preconceito em um país como o Brasil, [sobre] ser preguiçoso. Não é nada disso. No mundo em que a gente vive uma aceleração que é social (ela não está só no âmbito dos indivíduos), faz sentido a gente pensar que o movimento slow é um movimento contracultural, pela desaceleração da vida e, portanto, pela retomada dos nossos sentidos como seres humanos. Desacelerar não é ser devagar, é recobrar os sentidos, humanizar e revalorizar as relações e valorizar o que faz da gente, gente. O slow é o botãozinho de "não, pera, será que eu preciso correr nessa situação?"

Desacelerando, conseguimos nos aprofundar, fazer conexões mais profundas, clarear pensamentos e ideias, cuidar da saúde, auxiliar o outro, desfrutar da vida. Não seria essa a maior produtividade que deveríamos estar buscando individualmente e como sociedade? A produtividade que foca no cuidado?

Aliás, você já se perguntou o que autocuidado significa?

Talvez, ao se perguntar isso, apareça em sua mente uma imagem relaxada de você na cadeira do pedicure. Ou tirando uma soneca no meio do dia, cuidando da sua pele, escrevendo uma carta de amor para si mesmo. Talvez a imagem seja de alguém arrumando a casa e colocando umas flores para alegrar o ambiente. Talvez seja um jantar gostoso no restaurante favorito. Talvez seja aquele dia de chuva, com chá quentinho e Netflix.

Ao falar sobre autocuidado, acho importante lembrar que:

- Somos todos diferentes. Cada pessoa tem uma personalidade única, genética única, veio de uma cultura, tem seus valores, seu sistema familiar, expectativas, enfim... É importante levar em consideração que somos todos diferentes e que, por isso mesmo, temos limites diferentes.
- Somos todos humanos. Mesmo com características diferentes, somos todos humanos, com limites físicos e emocionais.

Todos nós temos 24 horas por dia e um estoque de energia para essas horas. Não conseguimos rodar a 100 quilômetros por hora com tanque vazio e danificado. Temos limites, limites reais. Em nossa sociedade, que valoriza o volume e a produtividade a qualquer custo, os limites não são o problema. É a sobrecarga.

> Precisamos dormir, comer, nos mover e descansar. Mesmo que sejamos completamente diferentes nesse mundão, nossa similaridade fala mais alto. Todos temos limites.

É verdade, existem aquelas pessoas que, antes das 8h da manhã, já fizeram mais que outras fazem a semana toda. Existem pessoas que têm capacidade de focar longas horas, mantendo energia e motivação, enquanto outras são extremamente sensíveis a qualquer espécie de estímulo. Quando começamos a achar que não temos limites, nos colocamos em um terreno inseguro que pode ter muitas consequências doloridas.

Viver sem margem significa viver em esgotamento, exaustão, sem nenhuma perspectiva de descanso à vista. Ou seja, sem cuidar de si mesmo. Por outro lado, viver com margem e limites, com responsabilidade pelas atividades diárias, significa que, quando há esgotamento, há também um lugar para descansar e recarregar a bateria.

Uma vida com margens valoriza a saúde, a alegria, o cuidado com as relações (inclusive consigo mesmo), a disponibilidade, a criatividade e a contribuição. O que a disciplina permite é que sua essência possa fluir e exercer o seu melhor no presente, sem preocupações.

Autocuidado é ter tempo para descansar, espaço para respirar, liberdade para se movimentar, tempo para se adaptar e se curar. Os espaços que temos de autorreflexão e sossego mental são valiosos, assim como ter uma rotina pé no chão, da qual possamos cuidar.

Não estou reduzindo autocuidado ao *skincare* (um clichê dos nossos tempos). Falo de desenvolver hobbies, botar a cara no sol, planejar e fazer render as férias, consumir cultura, descansar e comer direito. Falo de fazer terapia, amor, exercícios físicos e amizades duradouras... Falo de aprender coisas novas, cuidar da vida financeira sem pirar, aprender a dizer não, deixar de ter taquicardia ao olhar um relógio/calendário e passar mais tempo com quem você ama. Falo de fazer nada, sem culpa.

É mais sustentável, ao longo do tempo, cuidar consistentemente dos seus recursos do que forçar seus limites hoje e se esgotar só para fazer o mais rápido possível. E com cuidado, para também não cair na performance do bem-estar e subverter o conceito de vida saudável a uma lista de coisas a fazer. A intenção do bem-estar não é a performance, é cuidar do que nos faz bem.

Encare o cuidado como um caminhar em uma trilha que você gosta. Você se prepara para fazer a caminhada, leva o essencial, faz pausas no caminho, tira foto, deita-se e olha para o céu. É uma decisão que foi tomada com intenção, analisando recursos e contextos. Experimente olhar para dentro e perguntar-se aonde vamos com tanta pressa. E digo vamos, assim no plural mesmo, porque estamos todos juntos nessa, sabe? É importante pensar de forma coletiva, em nossas comunidades, sobre como passar mais tempo cuidando do essencial.

Alerta de spoiler: a resposta está na natureza.

Capítulo 6

A natureza como guia

> Atrás de mim estão todos os meus ancestrais me
> dando força. A vida passou através deles até chegar
> a mim. E em honra a eles eu a viverei plenamente.
>
> BERT HELLINGER

Nasci no Distrito Federal, em um local chamado Centro de Erradi-cação de Invasão, também conhecido como Ceilândia. Sou de uma família simples, que veio do interior da Paraíba. Meu bisavô materno, em meados da década de 1960, perdeu o filho mais velho lá no Nordeste, assassinado. O coração canceriano ficou triste e revoltado e, pelo que entendi das histórias de minha família, sem vontade de permanecer no mesmo lugar. Pouco tempo depois da morte de meu tio-avô, o biso voltou de mala e cuia com toda a família para Montadas, onde estão as minhas raízes. A família tinha muitas mulheres, que não trabalhavam fora. Segundo minha avó, a mais velha entre quinze irmãos, a vida ficou sacrificada e, em algum momento, meu bisavô decretou: "Não quero isso aqui mais, não. Vou levar minha família embora". E assim, aos poucos, eles colocaram o pé na estrada e trouxeram suas raízes para a capital.

Essa é uma parte importante da minha história e me emociono ao contá-la. No ano em que meu bisavô veio com a família, Brasília era uma adolescente e as oportunidades nasciam como a cidade. Ele alugou uma casa e começou a trabalhar, e os filhos e filhas entraram também no esquema: vendendo fruta, fazendo faxina, vivendo o corre de cada dia. Com um ano na Ceilândia, meu bisavô ganhou uma casa desses programas assistenciais do governo. A família toda morava em uma casa só. Eram nove pessoas em um espaço de dois quartos, sala, cozinha e um banheiro.

Pouco tempo depois de os meus bisavós virem para a capital, meus avós vieram também. Vovô veio primeiro e, depois, vovó chegou com as quatro filhas, incluindo minha mãe, com 14 anos. Meu biso fez um puxadinho na casa para caber mais dois cômodos e ali se acolheu mais uma família. Os meus primeiros dois anos de vida foram nessa casa. Eu e a minha mãe vivíamos lá, num quartinho, compartilhado com muitas pessoas.

Essa casa funcionou como o abrigo maior de nossa família por muito tempo. Ao longo dos anos, toda vez que alguém precisava de um lugar para morar, ia parar nessa casa. Melhorava de vida, ia para acolá, depois vinha outro, e por aí vai. Sabe como é: quando a gente tem uma família com poucos recursos, todo mundo se ajuda o tempo todo.

Também sempre cuidamos para que os outros tivessem o que nunca tivemos. Penso que, no meu núcleo familiar, isso começou com a minha avó, que passou por muita coisa para eu estar aqui, escrevendo um livro. Como eu disse, ela era a mais velha entre quinze e, desde os 7 anos de idade, cuida dos irmãos, da casa, do marido, dos netos. Da vida. Trabalha muito desde criança e, como uma boa geminiana acelerada, nunca parou.

Minha avó teve quatro filhas. Não deve ter sido fácil para ela (nem para as filhas) ter passado pela maternidade sem ter vivido em totalidade a experiência de ser criança. O que ela fazia era botar as filhas para cuidar da vida, estudar; ela mesma estudou só até a primeira, segunda série. Ela dizia que na escola ninguém era melhor em matemática do que ela e meu avô. Eles terminavam a prova antes da turma toda, conta com orgulho e os olhos brilhando.

Enquanto mãe, acordava cedo, preparava o café da manhã e fazia o que podia, até mesmo cuidar de mim. A minha mãe me teve ainda nova, aos 20 anos, e meu pai biológico não me assumiu; então, eu passava a maior parte do tempo com minha mãe e, quando ela ia trabalhar, minha avó e minhas tias cuidavam de mim.

Com a minha avó, aprendi a cuidar das coisas da casa, como cozinhar e limpar. Aprendi com ela a abraçar e rezar ao Santo Anjo. Com as minhas tias, aprendi a gargalhar alto, a pintar as unhas, a decorar toda a discografia do Legião Urbana e a ouvir os hits da Jovem Pan. Com a minha mãe, aprendo todos os dias a viver de forma mais harmônica. Ela é minha mestre em humanidade. Minha referência de amor sempre esteve nessas mulheres.

Minha mãe sempre batalhou para que eu tivesse tudo do melhor: roupa boa, viagens, inglês, esportes, cultura e colégio particular. Ainda na casa dos 20 anos, ela participou da compra de uma casa para a minha avó, casou-se, mudou-se, teve outra filha, divorciou-se, arrumou outra casa e cuidou de nossa saúde e bem-estar, como prioridade, o tempo todo. Contudo, eu nem sempre entendi o esforço e o cuidado dela.

Quando criança, culpei muito a minha mãe por não ter tempo para mim. Só via quando ela não estava ao meu lado; dava atenção ao que faltava. Além disso, quando estava na escola, me comparava muito. Estudava com filho de deputado, né? Olhava para os meus colegas e ficava triste porque não tinha tantas coisas quanto eles. Porque a minha família não tinha "alcançado" o que eles "alcançaram". Tinha até vergonha de levá-los à minha casa, onde as paredes exibiam tijolos ou reboco.

Anos depois, essa mesma casa da qual tinha vergonha me abrigou quando eu não tinha onde ficar. As paredes estavam pintadas, mas isso já não importava mais. Esse retorno à casa de minha mãe me fez entender o que é integração – o ato de convocar tudo e todos que vieram antes de você, fizeram você chegar aonde chegou, e que você ainda carrega consigo.

Quando me separei, fiquei muito quebrada. O divórcio é um luto muito difícil, pois é um luto em vida. Na época, eu morava fora; então, com a separação, perdi, ao mesmo tempo, a pessoa que amava, os amigos, a casa, toda uma vida que escolhi criar. No dia em que contei da separação para a minha mãe, ela disse na hora: "Volta, volta pra casa". Porque, na minha família, a gente sempre se cuidou. E sempre tivemos (que bom!) para onde voltar.

Quando penso na minha história, na minha infância, tenho memórias de uma família que se encontrava, fazia festa e contava histórias ao redor da mesa, tirava cochilos depois do almoço com alguém se dando bem em um cafuné. Nas férias, se desse, íamos à praia. Hoje, mais integrada, não foco na falta e entendo que sempre tive uma infância cheia de momentos bonitos ao lado de quem amava. Por exemplo, eu adorava quando tínhamos visita; mamãe colocava Caetano para tocar, tomávamos café e comíamos cuscuz. Era simples: Caetano, café, cuscuz. E essa vida simples e desacelerada *funcionava*.

Por ter sido uma criança em uma vida simples, que pôde bambolear, cochilar e brincar, sei como isso funciona e sua importância. Tenho essas memórias de desaceleração e cuidado em mim, permeando a vontade que tenho de explorar esses temas. Mas há também um outro lado.

Diante da minha realidade familiar, sinto que também fiquei adulta muito cedo e me tornei perfeccionista. O perfeccionismo passou a ser ferramenta de sobrevivência para chamar atenção e lidar com uma certa solidão. Na minha cabecinha de criança, eu tinha que fazer as coisas sempre direito. Imagina: minha mãe passava o dia fora, eu ainda ia dar trabalho?! Não, né?! Aprendi a fazer muitas coisas sozinha, não pedir ajuda para não incomodar, não falar para não me afetar e, por consequência, não afetar os outros e acabar "sobrando para eles". O controle se tornou um caminho para eu me sentir segura. Ao longo do tempo, isso virou um padrão. Desde adolescente saí desenvolvendo vários projetos ao mesmo tempo, cercada de listas por todos os lados. Coloquei-me útil e altamente disponível em todos os meus relacionamentos. Afoguei-me no trabalho e passei a querer controlar tudo o que fazia e vivia, dos passos às calorias, a quantidade de horas dedicadas a cada mínima tarefa do dia. As ferramentas de criança se tornaram meus sintomas de adulta; adoeci. Esqueci a principal lição da minha família: cuidar.

Aqui em casa, cuidar é nutrir para crescer, como na natureza. Quase todos têm o dedo-verde. Adivinha quem não? Eu, é claro! Mas aprendo muito vendo o cuidado e carinho representados pelas flores e passarinhos que povoam o jardim. Gosto de pensar no cuidado com a vida, assim como o cuidado com as plantas. Você não rega uma planta contando que ela vai crescer 2 centímetros em dez dias; rega, cuida e espera ela crescer no tempo dela. Tem dia que ela está de um jeito; no outro, de outro; depois, precisa de uma atenção maior. Mainha percebe uma folha diferente como quem nota uma espinha nova no rosto. E segue a cuidar dela.

O dedo-verde nos lembra de que a natureza é sábia. Como as plantas, temos que aprender a crescer – no *nosso* tempo. Observando tanto as novas folhas quanto as pestes que podem incomodar.

Até aqui falei sobre velocidade, excesso, distrações. Sobre todo o ritmo frenético comum no Vale dos Cansados. Agora, para focar no cuidado, quero falar dos ciclos da natureza, de como funcionamos.

A natureza como guia   85

Isso significa falar também da nossa ancestralidade, do nosso ambiente, daquilo com o qual estamos *integrados*. De nós mesmos e de todo o resto.

Entenda o seguinte: se você está agora lendo este livro num momento de descanso (ou buscando por ele), não chegou aqui só pelo seu mérito, pelos frutos do seu esforço, mas também pelos de sua família, dos seus ancestrais, do meio ambiente, dos que vieram antes e das suas histórias.

O lugar de onde você veio faz diferença e constitui a *sua* natureza. E ela importa, *muito*. Importa se você teve dois pais trazendo renda para casa ou pelo menos um deles dando carinho e apoio. Importa se você teve a sorte de estudar em uma boa escola ou teve que trabalhar desde jovem para ajudar a família. Se cresceu em um lugar tomado por enxurradas no verão ou florido na primavera.

Por isso, na vida, não temos que conquistar coisas para, então, cuidar delas. Temos que cuidar do que possuímos para daí alcançar coisas novas. Temos que conhecer e respeitá-las para que venham mais, e mais, e mais. Para que nossa árvore e as de nossas gerações possam crescer.

Ser natureza

> Não somos apenas parte da natureza.
> Somos natureza.
> CAROL FREITAS

Uma vez, após eu compartilhar um momento desafiador que estava vivendo, a Carol Freitas, biomimeticista e fundadora do Nous Consultoria, me disse que "árvore frondosa cresce devagar". Achei isso tão bonito que peguei para a vida (e espero que você pegue para você também!). Essa frase me traz uma imagem importante que quero que a gente explore: colocar a natureza no centro, um ponto de conexão com o mundo material que vai para além do corpo. Ter a tranquilidade para cuidar do corpo, da mente, dormir, abraçar quem ama. Esse é o privilégio para o qual eu gostaria que todos tivéssemos tempo. Gostaria, enfim, que deixasse de ser um privilégio, para que mais árvores frondosas fizessem sombras para toda gente poder sonhar.

Para chegarmos à natureza no centro (ou, já que somos natureza, ao humano no centro), precisamos entender que temos um padrão próprio baseado em ciclos que é bem diferente da lógica de consumo, rapidez e acúmulo do mundo, em que o essencial é ter e alcançar coisas.

Antes de tudo, temos que enxergar a natureza não como cenário para nossas atividades *ao ar livre*, mas como um conjunto dos elementos naturais que compõem o planeta, inclusive o subconjunto dos seres vivos do qual fazemos parte. O tempo todo, respondemos a seus fenômenos e contextos, os quais podem mudar completamente nossa relação com a vida. Se entendermos isso, conseguimos conhecer nosso próprio funcionamento e percorrer um *processo de autoconhecimento*.

Para isso, vamos contar com a biomimética, uma ciência que estuda a ética nas relações biológicas, a reconexão com o meio ambiente e a imitação dos processos naturais, ensinando como aplicar de maneira consciente a genialidade da natureza. Em outras palavras, ela nos convida a observar e tirar lições (aprender *com* a natureza) e não apenas extrair (aprender *sobre* a natureza).

Como a Carol ensina, a natureza não é nossa amiga nem inimiga. Ela segue seu fluxo, seus *ciclos*, para gerar vida no planeta. Nesses ciclos, há *padrões de vida* que permeiam todos os seres vivos, quer tenham consciência dessa movimentação ou não.[32]

A natureza tem uma lógica de otimização que trabalha e favorece os recursos necessários para sustentar esses padrões, como a energia. É como se você aumentasse seu pacote de Wi-Fi. Ao fazer isso, a sua internet consegue realizar mais downloads ainda mais rápido, baixar vídeos longos e gráficos mais pesados, não é? Pois então!

Esse movimento está presente em todos nós porque, bem, somos natureza. Assim, da mesma forma como acontece com fungos, plantas e outros animais, podemos otimizar nossos recursos finitos e ampliá-los por meio de novas conexões, a fim de cultivar a abundância. De acordo com a biofilia, uma das abordagens de conhecimento inspirada na natureza, esse reconhecimento nos ajuda a perceber a parte mais sensível de quem somos. Você não apenas planeja de acordo com sua natureza, mas também aprende que está interligado a ela, que faz parte de um ecossistema.

Esse papo de ser natureza pode ser muito distante do cotidiano nas cidades, mas vale ressaltar que, antes da industrialização, os seres humanos se percebiam muito mais próximos dela. Carol Freitas lembra que já participamos de maneira mais harmônica dos ciclos e organizações naturais; podemos resgatar esse olhar e combiná-lo com tecnologias industriais e sociais.[32]

Inclusive, é possível observar esse fenômeno de resgate não apenas no plano social, mas também no econômico. A economia regenerativa, por exemplo, tem sido uma tendência, representando uma retomada da sociedade para um mundo em harmonia, em que a organização econômica gera lucro, mas também impacto positivo no planeta. Veja que o aprendizado com a natureza pode trazer abundância nos negócios também!

> É por isso que a Organização Centrada no Ser Humano (HCO, *Human-Centered Organizing*) é percebida como um caminho direcionado pela natureza. A partir do entendimento dos nossos ciclos naturais, podemos adquirir o autoconhecimento necessário para nos organizar: nossos melhores horários de concentração, a melhor época de criação, o tempo de ficar mais quieto,

> de colher ideias. Ser natureza significa ser cíclico. Acolher sua ci-
> clicidade e perceber que nela reside sua força de crescimento.

Você consegue perceber a diferença da lógica da produtividade e a da natureza? Na produtividade, a otimização significa *aceleração*, rapidez, atropelar o fluxo natural da vida para acumular capital. Já na natureza a otimização significa *adaptação*, respeitar ciclos e se flexibilizar diante das circunstâncias.

A Organização Centrada no Ser Humano que proponho compreende cada explorador como um *ser natureza* que sofre influência dos contextos naturais – como as estações, as mudanças dos astros e os processos biológicos do corpo –, de suas reações a esses contextos e de como potencializam recursos. A beleza e o desafio dessa organização residem na descoberta que é feita pelo indivíduo, cada qual à sua maneira.

Planejamento de acordo com a natureza

> Os rios sabem disso: não há pressa.
> Chegaremos lá algum dia.
> A. A. Milne

Agora você já sabe que, para começar seu processo de organização da vida, é muito importante analisar o fluxo da natureza. Com isso, conseguimos separar o que está planejado dos cuidados com a vida (lembra-se do dedo-verde?).

A natureza tem um ritmo cíclico, como vemos nas estações do ano. Assim como o inverno se torna primavera, verão, outono e depois inverno de novo, há diferentes momentos na nossa jornada. A vida é marcada de mudanças, que ocorrem de todos os lados (social, psicológico, cultural, físico, afetivo), por isso é na adaptação que encontramos o progresso. Essa é a dança da natureza.

> Entender os ciclos é prestar atenção no seu ritmo, na sua batida interna, na sua frequência de realização. É entregar-se ao flow, aquele momento em que o espaço está todo iluminado, preparado e organizado para você brilhar.

Pessoas que menstruam têm grande sintonia com os ciclos da natureza. O corpo sangra uma vez por mês, às vezes até em sincronia com outras pessoas ao redor. Esses ciclos podem ser doloridos, descoordenados, desagradáveis, mas também criadores de vida, tesão, emoção e conexão. O sangramento segue o ritmo de lua. Escrevo sobre esse tema sempre com os olhos marejados. Por Deus, como é bonito! Como nos mostra que somos realmente parte do Todo.

A menstruação é um dos símbolos cíclicos que mais me chama a atenção. A cada lua, a cada período, vivemos um processo de autorrenovação, renascimento. A pele melhora, o inchaço do corpo diminui, nos sentimos pessoas novas! Nossos ancestrais consideravam o sangramento do ventre algo mágico e sagrado. Em algumas culturas antigas, o período menstrual era honrado, e as pessoas que menstruavam se reuniam para cuidar umas das outras durante essa fase. Na nossa cultura acelerada de hoje, temos que trabalhar no mesmo ritmo e velocidade que todos e, às vezes, o processo de regeneração dá espaço a pílulas, dor de cabeça e muita insatisfação.

Para quem menstrua, é essencial notar o ciclo menstrual e relacioná-lo à produtividade diária. Em alguns dias do mês, você terá energia mais baixa; noutros, mais alta. O corpo pedirá descanso em determinadas horas. Por isso, se você menstrua e está lendo isto, quero lembrar uma coisa muito importante: a necessidade de descanso durante o seu ciclo não é fraqueza! É sinal de renovação. É parte do seu crescimento, elemento da sua natureza, de quem você é. Não se sinta mal por tirar um tempo para se cuidar.

Eu sei, às vezes o trabalho não deixa. Muitas mulheres trabalham mesmo com fortes dores menstruais em vez de tirarem o tempo de descanso de que precisam. A desigualdade vai além do salário. Muitas mulheres enfrentam desafios de saúde, como dores menstruais e sintomas da menopausa, trabalhando apesar da dor. Ainda há uma preocupação de que tirar tempo livre e comunicar o problema ao empregador possa afetar negativamente suas carreiras.[33]

Seria tão bom se o ciclo do trabalho respeitasse esses ciclos naturais, concorda?

Dentro do ciclo de 28 dias, há estações que podem ser alinhadas com os planejamentos das suas atividades. No período de inverno interior, ou tempo de lua, deve-se descansar, nutrir-se e buscar inspirações. A pré-ovulação, a primavera, é tempo para agir, criar e renovar. A ovulação, o nosso verão, é para aproveitar criatividade, sensualidade, expressão e conexão. E, no outono, antes da menstruação, quando bate a TPM, é preciso escutar, fazer revisões, esclarecer necessidades.

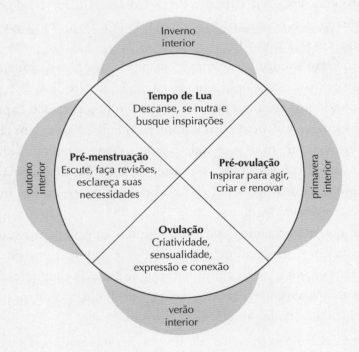

Outros ciclos valiosos que temos para observar são os equinócios e solstícios, muito importantes para nosso planejamento, já que determinam como serão os dias. Os solstícios definem a chegada do verão e do inverno, em que há predominância da luz no verão e dias mais curtos no inverno. Já o equinócio traz noites iguais, períodos de mesma duração, com um equilíbrio entre claro e escuro. Para as pessoas que moram em países frios, essa informação deve ser especialmente considerada na organização de atividades. As estações nos equinócios apresentam temperaturas mais leves, o que permite mais atividades ao ar livre.

Além disso, nós, seres humanos, cíclicos, somos seres de rituais, cerimônias. Adoramos um rito de passagem que reforce nossos processos e nos mostre como crescemos e nos desenvolvemos. Adoramos a passagem do réveillon, do aniversário. Adoramos dar o check nas listas, porque nos passa a sensação de progresso. Rituais são de extrema importância, e precisamos garantir que haja espaço na nossa agenda para que eles sejam vividos.

O universo inteirinho se move em ciclos: o dia e a noite, os dias do ano com suas estações, a lua e seu ciclo de 28 dias. Sabe na escola, quando nos ensinam que o ser humano nasce, cresce, reproduz e morre? O negócio é bem mais complexo que isso! Você tem ciclos diários, semanais, mensais, sazonais e anuais, pode acreditar. Talvez não consiga reconhecê-los agora, mas a observação diária, junto à análise dos elementos que trago aqui, vão ajudar. Você nasce, cresce, reproduz e morre *a cada ciclo*. Amém!

Para nos conectarmos com nosso poder interno e acessarmos a nossa autocura, precisamos compreender e valorizar nossos ciclos. Como já comentei, o seu ritmo não é o mesmo de ninguém. Mesmo que estejamos vivendo em uma cultura acelerada, cada pessoa tem uma velocidade, cada um tem uma direção.

O ritmo do corpo

Todos nós temos projetos e tarefas a serem concluídas. E, como qualquer coisa que se queira construir na vida, isso custa *tempo* e, com frequência, não conseguimos (nem somos obrigados!) fazer tudo. Por isso, é preciso olhar para dentro e encontrar o que merece esse investimento.

Uma vez que você estabelecer caminhos (ou objetivos, como prefira chamar) para a sua vida, precisará de fôlego para realizá-los. Facilita muito a caminhada entender o quanto de energia cada tarefa do dia demanda e encaixar as atividades no período em que sua natureza trabalha melhor.

Portanto, no momento em que você estiver realizando suas atividades, questione-se:

- Em que estou focando agora?
- Como me sinto?
- Estou alerta?
- Estou desligado/desconectado?
- Estou feliz ou isso está me estressando?
- Estou tendo problemas para me concentrar?

É importante criar essa consciência sobre os seus *ciclos naturais*, e uma coisa que ajuda nessa análise é entender o ciclo circadiano. O ciclo circadiano é uma estratégia que os seres vivos desenvolveram para responder a fenômenos abióticos (ou seja, vento, sol, gravidade, coisas que, em si mesmas, não estão vivas) para otimizar seus recursos, como mostra o círculo dos padrões da vida feito pela Biomimicry 3.8, maior instituição de estudos da biomimética.

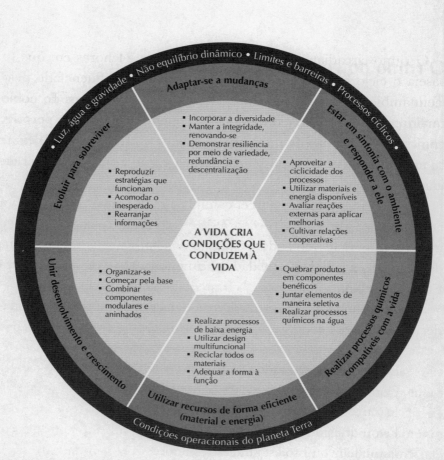

Fonte: Biomimicry 3.8, 2013. https://biomimicry.net/.

Note que diferentes seres vivos respondem de maneiras diferentes ao fenômeno. Por exemplo, seres da superfície, chamados de seres solares, dependem do sol como fonte energética e para ativar vitaminas e hormônios – como a gente, que precisa pegar um solzinho para ativar a vitamina D. Pois bem, nossos corpos têm maneiras próprias de responder ao sol e à atividade noturna que são diferentes dos animais subterrâneos, como os roedores, que saem à noite para caçar. Então, nós e os roedores teremos ciclos circadianos diferentes, mas, invariavelmente, todos os seres vivos reagem a fenômenos e geram um comportamento observável e cíclico.

O ritmo circadiano se refere ao período de 24 horas em que se baseia o ciclo biológico de quase todos os seres, influenciado pelo meio ambiente. Ele regula ritmos materiais e psicológicos do nosso corpo, como a digestão e o sono. Assim, conhecer seu corpo permite que você se organize de maneira consciente e saudável, sem deixar de cuidar da vida. Prestar atenção ao seu corpo é ser um hacker da sua real produtividade!

> Se o caminho é o cuidado, o corpo é a bússola.

Foi graças à curiosidade e ao espírito investigativo de Jean Jacques d'Ortous de Mairan, astrônomo francês do século XVIII, que descobrimos os ritmos circadianos. Ele introduziu a ideia de que os seres vivos têm um "relógio interno" que coordena as funções biológicas por conta própria. Tudo começou com a sua observação atenta da *Mimosa pudica*, uma planta supersensível que fecha suas folhas ao menor toque ou ao anoitecer, e as reabre após alguns segundos ou ao nascer do dia. O que realmente surpreendeu De Mairan foi que, mesmo quando as mimosas ficavam em um armário completamente escuro, elas continuavam a abrir e fechar as folhas, como se ainda estivessem respondendo aos ciclos naturais de luz e escuridão.

Intrigado por esse comportamento, De Mairan realizou experimentos controlados que mostraram que esse padrão persistia mesmo sem nenhum sinal externo, como a luz solar. As observações o levaram à conclusão de que esses ritmos eram internos e autônomos aos organismos vivos, abrindo caminho para a futura ciência dos ritmos circadianos.

"Essencialmente, o ritmo circadiano é a representação biológica interna de um dia", explica Russell Foster, professor de neurociência circadiana da Universidade de Oxford, no Reino Unido. "Ele oferece uma estrutura temporal para nossa biologia funcionar efetivamente. Temos que entregar a substância certa, nas concentrações certas, para os órgãos certos, na hora certa do dia. E é nosso relógio biológico, nosso sistema circadiano, que nos permite essa organização temporal".[34]

Então, vamos entender como funcionamos a partir do ciclo circadiano.

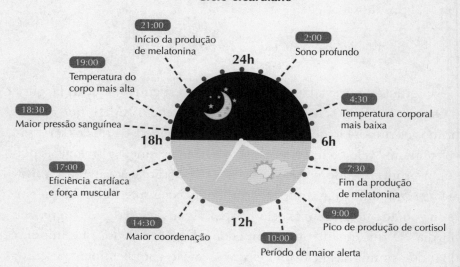

Ciclo cicardiano

Emoções, humores e até mesmo níveis de ansiedade e depressão são influenciados por ciclos circadianos. Os processos cognitivos do corpo têm algumas preferências, como o dia para o que demanda mais atenção e envolvimento emocional. Quando essa preferência não é atendida, você pode ter mais dificuldade de regular as emoções. Na gestão de doenças, existe atualmente até um novo movimento que envolve incorporar ciclos circadianos em tratamentos, uma abordagem chamada cronoterapia.[35]

Talvez você veja isso e esteja pensando: "Comigo não é bem assim!". Lembra que falamos que cada um tem seu próprio ritmo? Quando usamos a natureza como guia, é preciso pensar em outros elementos também. O pesquisador Michael Breuss estudou o sono e definiu o que chamou de *cronotipos*,[36] que nada mais são que padrões de variação do ciclo circadiano. São eles:

- **Urso:** é o perfil mais padrão, da galera que precisa de oito horas para dormir, que se encaixa muito bem no ciclo circadiano, precisando acordar em tal hora e ir dormir até tal horário.
- **Leão:** este é o clube das cinco, os matutinos, que acordam cedinho, mas também se cansam cedo, e seu ciclo circadiano começa antes dos demais.
- **Lobo:** a turma da madruga, de quem dorme e acorda mais tarde; o oposto do leão.
- **Golfinho:** este é o mais difícil de identificar, porque é típico de pessoas cujo sono varia demais. Antes de saber se alguém *é* golfinho, é preciso analisar se não *está* golfinho, ou seja, se há interferências externas influenciando seu ritmo natural ou se é a natureza da pessoa.

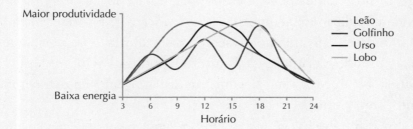

Outra sabedoria importante para se reconectar com o corpo e o essencial é a Ayurveda, que se baseia em um relógio de perfis biológicos, os doshas, chamados de Pitta, Kapha e Vata. O Pitta tem uma conexão com o elemento fogo e está ligado a comunicação e ação, a *fazer* as coisas. O Vata é conectado com o ar e o metal, referindo-se mais aos movimentos do pensamento, da mente, como escrever, criar e por aí vai. E o Kapha é aquele que tende mais para a água, para a nutrição.

Com os doshas, você passa a observar seu fluxo e identificar em que momento você se encontra no seu relógio biológico. Por exemplo, "Neste horário, sou mais Pitta, então vou fazer exercício físico"; "Aqui, é Vata, vou aproveitar pra desenvolver aquele texto"; e assim por diante. Basta, então, combinar suas atividades com sua natureza. Evidentemente, a Ayurveda é um Universo; o que estou passando aqui é o início do caminho de análise para que você possa utilizar os conhecimentos da medicina indiana.

Há milhares de anos, a medicina chinesa também vem baseando suas práticas no princípio de que sistemas em harmonia tendem a saúde, bem-estar e sustentabilidade, enquanto um sistema em desarmonia caminha em direção a doença, sofrimento e colapso.[37]

Em uma cultura de tempo ocidental, é comum pensarmos de forma linear, usando a mente para desenhar linhas do tempo, mapas mentais e gráficos de Gantt, focando no futuro e nos pautando no relógio e no movimento do mercado. Porém, como disse Mestre Nêgo Bispo, "somos povos de trajetórias, não povos de teoria. Somos da circularidade: começo, meio, começo".[38] É a referência do tempo indígena, focada no presente e que valoriza essa perspectiva cíclica, usando os rituais e a natureza como base. Durante bilhões de anos a natureza está aí com um sistema em pleno funcionamento, com ritmos.

Com isso, talvez você agora me pergunte o que fazer com essas análises todas. Ué, são elas que permitirão o acesso à sua bússola. Ao conhecer seu corpo, você vai abrir espaço para as necessidades básicas, e isso devolverá a você suas boas noites de sono, um verdadeiro privilégio desses nossos tempos. Você ficará simplesmente maravilhado ao perceber como a natureza se repete quando encontra um padrão que funciona. Assim como ficará em choque ao perceber quais são as consequências a longo prazo de trair seus ritmos naturais.

Lembra a carta do início deste livro, relatando um distúrbio no sono como sintoma? Pois é. O sono é o nosso principal ritual e o primeiro sinal sobre a saúde do nosso corpo e mente. O sono definitivamente precisa da nossa atenção.

Durante uma noite completa de sono, passamos por quatro a cinco ciclos antes de o dia amanhecer, mas eles não são todos iguais. O sono é composto por diferentes fases, incluindo o sono de ondas lentas (SWS) e o sono REM. O SWS é a parte mais profunda, caracterizada por ondas cerebrais de baixa frequência e alta amplitude. Essa fase é crucial para a restauração física do corpo, ajudando na regulação do sistema imunológico. É um período em que o sono é tão profundo que é difícil ser interrompido. Por outro lado, o REM é a fase do sono conhecida pela atividade cerebral intensa, como uma vigília, e pelos rápidos movimentos dos olhos. Nesse momento ocorre a maioria dos sonhos. O sono REM é essencial para o processamento emocional. Pesquisas mostram que ele desempenha um papel protetor ao ajudar as pessoas a se ajustarem a eventos emocionais, facilitando a transferência do processamento do evento do cérebro emocional centrado na amígdala para o cérebro racional do comando central (o córtex pré-frontal). O sono REM logo após um evento emocional pode ajudar a prever a intensidade dos sentimentos nos dias e semanas seguintes.[39]

O filme *Divertida Mente*,[40] da Pixar, mostra bem o que acontece durante o sono. Se você já viu esse filme, deve se lembrar de quando a mente de Riley é apresentada ao adormecer e as emoções e memórias entram em um tubo que as guarda em uma espécie de biblioteca chamada Memória de Longo Prazo. Pois é, assim como no desenho, suas memórias moldam sua identidade, hábitos e interesses. E isso acontece quando você está dormindo.

A proporção dessas fases varia ao longo da noite. No início da noite, os ciclos de sono incluem uma quantidade concentrada de SWS com pouco sono REM. Conforme a noite avança, especialmente na madrugada, os ciclos passam a ser mais compostos de sono leve e REM. Então, para realmente aproveitar todos os benefícios do SWS, o tal sono restaurador, e do sono REM, que é tão inspirador e nos integra às experiências, o segredo é ir para a cama cedo a fim de ter tempo suficiente para desfrutar do "banho" de SWS antes de mergulhar no mundo do REM. Mas quem é que consegue dormir às 10h da noite?

Você já ouviu o termo *revenge bedtime procrastination*?[41] É quando passamos um dia tão corrido, com tanta coisa, que abrimos um vinhozinho à noite, vemos Netflix até 1h da manhã, acordamos às 6h acabados, colocamos um café pra dentro, enganando o corpo para se manter produtivo, e corremos pro trabalho. Queremos um tempinho de sossego e lazer, e acabamos nos vingando do período de trabalho com a procrastinação do sono. Já aconteceu com você?

Não apenas você tem menos SWS, mas também se torna mais vulnerável à depressão ao adiar constantemente a hora de dormir. Além disso, você passa impressionantes 451% mais tempo no seu smartphone no final da noite, comparado com aqueles que não procrastinam.[42]

Na verdade, "a falta de sono está rapidamente se tornando um dos maiores desafios do século XXI", diz o neurocientista Matthew Walker, especialista em sono da UC Berkeley e autor do best-seller *Por que nós dormimos*. Segundo o pesquisador, "a dizimação do sono nas nações industrializadas está tendo um impacto catastrófico na nossa saúde, no nosso bem-estar, até mesmo na segurança e educação dos nossos filhos. É uma epidemia silenciosa de perda de sono".[43]

Com certeza você já esbarrou por aí em uma mulher que não está dormindo bem, né? Pois é. Para além da procrastinação do sono, quero lembrar as duplas e triplas jornadas, tão comuns no cenário de tantas mulheres, que estão sobrecarregadas e cansadas.

O relatório *Esgotadas*, da ONG Think Olga, revela que a maioria das mulheres brasileiras está enfrentando grandes desafios emocionais em razão de sobrecarga de trabalho, pressão financeira e necessidade de equilibrar múltiplas responsabilidades, incluindo o cuidado com crianças e idosos. De acordo com o estudo, 86% das mulheres sentem que têm responsabilidades excessivas e 48% estão em dificuldades financeiras. Significativamente, 28% são as principais provedoras de suas casas e 57% das mulheres entre 36 e 55 anos cuidam de alguém diretamente. A pesquisa, que entrevistou 1.078 mulheres de 18 a 65 anos por todo o Brasil, indica que muitas delas se sentem ansiosas (55%), estressadas (49%), irritadas (39%), exaustas (28%), com baixa autoestima (28%) e tristes (25%). Além disso, 45% das entrevistadas já foram diagnosticadas com transtornos, como ansiedade e depressão, e 68% buscaram algum tipo de acompanhamento médico.[44]

Não temos as mesmas 24 horas. Quanto tempo você passa cuidando de outras pessoas, como crianças ou idosos da família? Quanto tempo de trabalho doméstico tem no seu dia? Quanto tempo passa no transporte público? Quanto tempo tem para estar com você mesmo?

Michelle Prazeres, pesquisadora em aceleração social do tempo, desenvolveu o conceito de "cronomeritocracia", que é pensar que todo mundo tem as mesmas 24 horas, quando na realidade a experiência temporal das pessoas é atravessada por marcadores sociais que as definem.[45] Acredito que essa ideia caiba aqui para sinalizar algo importante. Algumas mudanças sobre essa cultura acelerada estão, sim, em seu controle, mas não todas. Este livro cutuca uma questão social e sistêmica, de que os caminhos de mudança são estruturais, em organizações e relações. Falo inicialmente sobre aspectos individuais, mas reforço como é fundamental considerarmos fatores como raça, classe social, ser pai/mãe, emprego, acesso a recursos e rede de apoio. Todos eles têm um papel enorme no modo como cada um de nós consegue gerir e organizar o tempo.

É por isso que vejo o sono como um sinalizador para todos nós. Quando a correria pega no sono, reconhecemos o alerta. O descanso é necessário e, quando ele não vem, chega uma hora em que o corpo grita: "Ó cê aqui sem comer *uma* fruta, dormindo até tarde, botando coisa (insira aqui café, álcool, melatonina ou feed, como preferir) pra dentro, sem descansar". Às vezes, ele grita bem alto! E isso, você já ouviu?

A sociedade corre, e falaremos de movimentos coletivos logo mais. Por enquanto, guarde isto: o nosso corpo segue no ritmo da natureza. É preciso ter a *sua* natureza como guia para conseguir planejar uma rotina e perceber os cuidados com a vida. Para isso, é preciso investir numa vida simples – porque, como eu já disse, o simples *funciona*.

O simples funciona

> As folhas das árvores servem para nos
> ensinar a cair sem alardes.
> MANOEL DE BARROS

"Vou calçar o chinelo e cuidar da vida", foi o que sempre escutei em casa. Muito melhor que "bora trabalhar", né? E o que é cuidar da vida? É cuidar desse lugar básico. Dormir, comer, se mexer, fazer uma caminhada, estar com pessoas, ajudar sua comunidade. Cuidar é o caminho para uma vida mais simples.

Essa busca por uma vida mais simples foi o que encontrei no essencialismo. Nele, nos perguntamos o que é realmente essencial, o que tem valor de verdade. O que é importante e o que permanece como especial na vida com o passar dos anos.

Na cultura de aceleração, nossos limites, humanos e planetários, estão sendo descuidados. Assim como muitos especialistas, também acho que vai ficar bem ruim antes de começar a melhorar. Já estamos operando em sobrecarga.

Em 2023, o Dia da Sobrecarga da Terra ocorreu em 2 de agosto. Esse dia marca a data em que a humanidade esgotou o orçamento da natureza para o ano. Estamos bem acima do orçamento, e essa dívida só vai acumulando. É uma dívida ecológica, e os juros que estamos pagando por essa dívida crescente — escassez de alimentos, erosão do solo e acúmulo de CO_2 em nossa atmosfera — vêm com custos humanos e monetários devastadores.[46]

Nossa natureza não é apressada; ela está pedindo urgentemente por cuidado e tempo para regeneração. Já que a pressa é uma condição da sociedade, a sobrecarga também aparece.

Outro fato sobre meus caminhos é que, aos 20 anos, tive fortes crises de depressão, que voltaram nos meus 25 e, na pandemia da covid, me pegaram com força. Para combatê-las, fui experimentando diversas coisas. Uma delas foi o yoga, que mudou a minha vida – me ajudou a entender o silêncio e o que nele há.

Outra foi a astrologia. Minha mãe, rio que me abre caminhos, estuda astrologia há muito tempo, então cresci com o conhecimento em casa. Digo que, na minha casa, a gente fala "astrologuês". Minha comunicação é repleta de "os astros isso", "os astros aquilo". Todas essas sabedorias me abrigaram e me levaram a um lugar de autoconhecimento, de busca.

Por conta da depressão, faço terapia desde os 20 anos. Já foram várias linhas, já passei por tudo que você puder imaginar. Hoje, faço análise e, por meio dela, continuo tentando entrar cada vez mais no meu interior e entender o que há de mais essencial e simbólico em mim. E não consigo parar de pensar no que a minha família me ensinou: Caetano, café, cuscuz.

O simples funciona! Lá em casa, nunca nos faltou nada; pelo contrário. A minha família sempre foi muito focada em cuidar e nutrir. Houve mudança, perrengue, problemas, padrões que tome terapia para mudar. Mas a verdade é que sempre cuidamos do que tínhamos e sempre cuidamos uns dos outros, com os recursos que havia.

Você tem tempo? Você dá tempo. Pode cozinhar? Cozinha. Pode limpar? Limpa. Pode estudar? Estuda. Entendeu? Você cuida e vai nutrindo as coisas para elas crescerem. Árvores frondosas crescem devagar.

É preciso conectar-se com o essencial na vida. Reduzir o ritmo, o consumo, os ruídos, as distrações. As conveniências tecnológicas fizeram a gente se acostumar com tudo muito rápido, aqui e agora, mas a velocidade da natureza é outra e ela trabalha integrada. Por isso, olhe todos os passos dados antes dos seus, tortos ou não; eles fizeram você chegar até aqui.

Uma Organização Centrada no Ser Humano começa com a gente olhando para dentro. O único caminho é através. Ao se entender enquanto natureza, você saberá o que merece espaço na sua vida. E produzirá o autoconhecimento necessário para se desenvolver – e florescer.

Capítulo 7

Tempos de ser humano

> Você pode viajar pelo mundo e pelo universo
> e não encontrará uma saída.
> Para sair, você deve ir para dentro.
> CHAMTRUL RINPOCHE

Nos capítulos anteriores, quis explorar um pouquinho da lógica da produção, que nos estimula a fazer coisas a toda hora. Ao chegar aqui, então, você já entendeu que, ao tomarmos a natureza como guia, passamos a ouvir o corpo e a nos organizar de acordo com nossos ciclos, quebrando a lógica da produção. Assim, temos uma bússola para poder vivenciar outros momentos, não só o tempo de produzir. Somos seres humanos; precisamos sentir, contemplar, descansar.

Somos descendentes daqueles homens das cavernas que saíam para caçar, fazer comida, arrumar parcerias, mas também ir atrás dos prazeres da vida. O filme *Fungos fantásticos*[47] mostra como, a partir do uso de fungos alucinógenos, eles desenvolveram a capacidade de criação. Veja só: desde sempre, o tempo de prazer, observação e contemplação nos leva a construir coisas e exercer nossa imaginação!

Contudo, diferente de nossos ancestrais, vivemos numa sociedade que não dorme, não descansa. Atualmente, cerca de 32 milhões de brasileiros sofrem com a síndrome de burnout.[48] Não sou eu que estou falando, mas a Organização Mundial da Saúde (OMS). Outros milhões estão frustrados, cansados, depressivos e ansiosos. Conheci muita gente nesse grupo.

Muitas vezes, isso acontece porque as fronteiras entre vida e trabalho não existem mais. Há casos e casos: tem quem esteja sobrecarregado, quem se sobrecarrega, quem não impõe limites, quem burla o próprio sistema de organização (e o corpo), quem se sente pressionado, quem se sente cobrado ou em dívida com os outros... mas não existem culpados. É que a sociedade é pautada pelo pensamento "trabalhe, trabalhe, trabalhe".

O chamado *work-life balance* (equilíbrio trabalho-vida) colocou o trabalho na frente. E o trabalho (remunerado ou não) ocupou todo o lugar da vida.

Mas atenção! O trabalho é parte da vida. Não é a vida.

O problema é que uma população que só trabalha, não dorme e não descansa também não sonha, não imagina, não cria, não muda. Sabe quando a gente pensa uma coisa... e *pou!*, explode uma ideia nova? Isso desaparece quando uma grande parcela da população sofre de níveis altos de depressão e ansiedade. E, quanto maior for a vulnerabilidade individual, maior é o risco de as pessoas sofrerem com questões de saúde mental.

Com frequência, escuto esta queixa: "Eu não aguento mais. Não aguento seguir o ritmo dos outros, essa correria. Tô sobrecarregado, não tô dando conta". E falam como se tivessem algo entalado na garganta. Eu já fui assim, por isso me emociono muito quando vejo as pessoas passando por estafa. Sei como é o sentimento de não *aguentar mais e continuar seguindo*. Demorei para entender como minha rotina – aquela que eu mesma me permiti ter – sobrecarregava minha vida. E não foi simples mudar.

São quase dez anos vivenciando esse estudo sobre organização, por conta da minha carreira, e aqui me encontro: aprendendo um pouco a cada dia, compartilhando o que vivi e estudei e questionando sobre o que sei e o que não sei. Entendo que mente acelerada não é saudável. Ela vive em outros mundos, não no aqui e agora. Quando estamos falando da nossa psique, não basta ir para a terapia e tomar remédio. É preciso desenvolver o cuidado em diversas esferas – e, para isso, será necessária uma nova relação com o tempo, que tomará tempo.

Permita-me compartilhar como foi o meu primeiro encontro com a depressão. Perdi uma amiga no início dos meus 20 anos. Era uma amiga de infância, e nunca mais a vi. A depressão se caracterizou para mim como culpa, via excesso de passado. Ela me paralisava. Fiquei tão conectada com o que tinha passado que todo o resto perdeu a importância. Ela se foi, então "Por que eu vou comer?", "Por que vou levantar da cama?", "Ah, mas não tem razão nenhuma para trocar de roupa".

Como vivemos num tempo da produção, sentimentos como esse são tidos como "besteira" ou "carência" – e o corpo é atropelado, sem o devido cuidado. Quando não há um reconhecimento da dor, a ansiedade senta ao lado. Tenho um amigo que diz que fica ansioso por ser ansioso. Ele sabe que vai ficar ansioso em algum momento e fica imaginando as consequências do estado de ansiedade. Note que, se a depressão é um excesso de passado, a ansiedade pode ser vista como um excesso de futuro – você está sempre com a cabeça lá na frente. Isso é típico de um mundo que só pensa em produzir, que acelera áudios e pessoas. Ou seja, a patologia do nosso tempo é a ausência de presente, cujo sintoma é uma mente acelerada, confusa e cansada.

> Acredito que nossa ideia do tempo, nossa maneira de contá-lo e de enxergá-lo como uma flecha – sempre indo para algum lugar –, está na base do nosso engano, na origem do nosso deslocamento com a vida.
>
> Ailton Krenak

De acordo com o líder indígena e pensador Ailton Krenak, os povos originários têm uma relação com o tempo diferente da nossa. Para eles, não há passado nem futuro, só presente. "Como assim?!", você me pergunta. Como vimos no capítulo anterior, a natureza é cíclica, e os ciclos vão se repetindo ao longo do tempo, dentro e fora de nós. Se você parar para pensar, isso significa que o passado é uma repetição do que acontece agora, que acontecerá de novo no futuro. Logo, não importa muito o que já foi nem o que será, e sim o que é. Mas como podemos retornar ao presente num mundo em constante aceleração?

Caminhos de conexão

Na minha primeira crise de depressão, sentia uma dor no peito, onde fica o chakra do coração, que diz respeito ao amor, ao perdão e à compaixão – em outras palavras, doía porque sentia a ausência da minha amiga. Ao me dar conta disso, fui capaz de me reconectar comigo mesma e ouvir meu corpo para abraçar novamente o presente. Um pequeno parágrafo que resume um trabalho interior que foi bem longo e desafiador, norteado pela bússola principal – o corpo.

Os chakras são lugares no nosso corpo que dizem muito sobre nossa personalidade, confiança, intuição, enfim, sobre a conexão do nosso interior com o exterior. Com o passar do tempo, o acúmulo de experiências e a ajuda profissional, vamos aprendendo onde sentimos nossas dores. Por exemplo, quando ficamos com a mente acelerada, estamos sentindo o impacto de uma rotina avassaladora no chakra da mente, que diz respeito à espiritualidade, à nossa atenção, ao desapego.

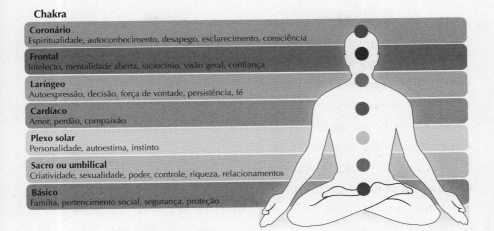

É preciso ter tempo para se cuidar, e são necessários caminhos que nos permitam chegar lá. Há terapias que podem ajudar você a conhecer melhor sua personalidade e seus processos mentais, como psicanálise, Gestalt, terapia cognitivo-comportamental (TCC). Até mesmo tarô, meditação, astrologia, reiki, acupuntura, florais e massagens podem complementar a busca pelo autoconhecimento; o importante é abrir novos caminhos de percepção. Da mesma forma, é valioso conhecer e se dedicar ao corpo, seja a partir da alimentação, do sono, da meditação ou do exercício físico – essenciais para cultivar estabilidade, equilíbrio, força, energia e saúde.

Essa jornada pode levar a lugares "fora da caixinha". Durante algum tempo, fiz tratamento para depressão e ansiedade com remédios tarja preta convencionais. Eles ajudam muita gente, mas, no meu caso, me anestesiavam demais, e eu não me sentia bem. Quando morava nos Estados Unidos, comecei um tratamento com cannabis, que uso até hoje para dormir e me acalmar. Na Califórnia, também experimentei os psicodélicos. Depois deles, passei a enxergar o mundo com outros olhos.

Ei, é importante que eu abra um parêntese de alerta aqui: o uso de substâncias psicotrópicas deve ser feito com muita responsabilidade e cuidado. Dependendo do seu histórico de saúde, pode ser perigoso, até porque, por conta do preconceito, só agora a medicina está avançando no estudo de suas capacidades terapêuticas. Não fui tomando essas decisões de uso de maneira aleatória. Foram passos na minha jornada, curiosa por mim mesma, para conhecer tanto meu corpo quanto minha mente e meu espírito.

Minha primeira experiência com psicodélicos foi em 2016. Com um grupo de amigos, em uma trilha. Entre nós, pessoas que sabiam muito bem o que estavam fazendo e me guiaram sobre o que comer, o que poderia sentir, onde estávamos. Enfim, houve cuidado. Entramos na trilha, e em trinta minutos *bateu*. Me lembro de correr como criança, sem pensar no propósito da corrida ou para onde ia. De olhar encantada as cores, como se nunca antes as tivesse visto tão vivas e belas. Parei no meio da trilha, e fiquei minutos a observar uma mosca numa folhinha. Fiquei em lágrimas, chorei muito. O cogumelo dá hiperfoco e deixa você muito sensível; então, era como se eu pudesse ver cada detalhe das asas da mosca, seus olhinhos, suas cores. Eu nunca tinha observado uma mosca tão de perto. Chamei um amigo para contar: "Cara, olha! É muito perfeito, muito perfeito! Como isso foi criado? Isso é perfeito!". A mosca numa folhinha era algo esplêndido, não havia como discordar. Essa experiência abriu portas para o meu aprendizado sobre integração à natureza. É bom ter olhos de criança descobrindo o mundo.

Em Amsterdã, comprei uma embalagem *cool* que descrevia o poder dos cogumelos mágicos com habilidades filosóficas e visuais. Com eles fui para um parque, rodeada de verde, com fones de ouvido conectados à playlist certa. A vivência de cinco horas de viagem foi como anos de terapia. Deitada na grama, vi meus braços se misturarem ao verde e compor o solo onde há vida, de onde as árvores encontram base e crescem, soberbas. Meu corpo e a natureza eram um, na imagem mais bela que jamais conseguirei descrever em palavras, mas posso lembrar perfeitamente, pois estava completamente presente.

Psicodélicos expandiram minha mente. A partir deles, compreendi de verdade uma frase do poeta Jalaladim Maomé Rumi: "Você não é uma gota do oceano, você é o oceano numa gota". Eu estava num festival na praia quando tomei minha primeira gota de LSD. Ao olhar para o mar e ver o tanto que não se vê, percebi a imensidão da vida, me vi integrada como a gota no oceano.

Hoje, os psicodélicos estão sendo estudados e usados para tratar depressão, transtornos pós-traumáticos, aliviar ansiedade e oferecer abertura emocional. Por meio deles, o ego sai, e você percebe coisas que antes não acessaria e nem saberia como descrever. Para conseguir colocar emoções no campo da linguagem, você precisa saber relatá-las. Somente num espaço de abertura emocional conseguimos ter acesso a elas.

Os psicodélicos me auxiliaram no tratamento da ansiedade e da depressão. Com eles, aprendi o que eram os meus sintomas e onde os sentia. Eles otimizaram minha bússola. Um exemplo: o que me ajudou a controlar minha ansiedade foi descobrir que ela se manifesta no peito e no estômago. E que ela pode ser também uma expressão da minha excitação. Então, quando sinto essas áreas do corpo, já penso: "Opa, tô ansiosa, vem uma experiência nova por aí que mexe comigo". Isso foi um shift tão grande porque entendi que a ansiedade não estava só na minha cabeça, mas no meu corpo, que eu aprendi a escutar.

As experiências com psicodélicos são altamente imprevisíveis, não têm nenhuma linearidade e todos os limites são quebrados. Todos os sentidos são tirados do campo da "normalidade". Essa bagunça interior faz com que encaremos o não controle e abracemos a flexibilidade. É uma lição de vida. Segundo David Nutt, diretor da Unidade de Neuropsicofarmacologia da Divisão de Ciências do Cérebro do Imperial College London, "psicodélicos criam um cérebro muito, muito desorganizado, que quebra os limites normais dos sentidos auditivos, visuais, do senso de si e da mente – criando assim um estado de ciência alterado. As pessoas deprimidas são continuamente autocríticas e continuam ruminando, repetindo e repetindo os mesmos pensamentos negativos, ansiosos ou de medo".[49]

Minha última experiência com psicodélicos antes de voltar ao Brasil foi a mais marcante de todas. LSD, Califórnia, amigos, meu contexto seguro. Depois de tomar a dose, saí para caminhar. Coloquei um fone para ouvir música, porque queria refletir – todas as vezes que usei psicodélicos, respeitei minha sensibilidade e meu espaço. Era meu momento de olhar para dentro. Queria experienciar com intenção. Sons me tocam profundamente, então tive o cuidado de colocar um set para tocar. No ritmo de 100 bpm, ele tocou exatas seis vezes, uma atrás da outra, que somaram seis horas de "alucinações" com trilha sonora, digamos assim. Num dado momento, me sentei diante de uma árvore e fiquei observando como ela se movimentava, expandindo-se e voltando, como um pulmão respirando. Com a ajuda da música, a minha respiração e a da árvore entraram em compasso. Naquele momento, eu respirei com (c)alma. Senti como é ser árvore frondosa que cresce devagar.

Quando estou nervosa ou ansiosa, coloco esse set para tocar e digo a mim mesma: "Respira, árvore, respira". Não vou arriscar dizer que entendi o que é a calma, mas senti-la me fez perceber o tempo de outra forma: mais presente, mais atenta.

> Você pode escutar o set de 100 bpm quando precisar se acalmar e relaxar! Para acessar, aponte a câmera do seu celular para o QR Code abaixo.
>
>

O que essas experiências me ensinaram? Química. O cérebro tem uma química da qual o ser humano precisa para viver – ocitocina, dopamina, endorfina, serotonina.

Os psicodélicos clássicos, como a psilocibina e o LSD, entram no cérebro através dos mesmos receptores que a serotonina, o hormônio do "sentir-se bem". A serotonina ajuda a controlar funções do corpo, como sono e desejo sexual, e estados psicológicos, como satisfação, felicidade e otimismo.[49]

As doses não precisam ser altas. As famosas "microdoses" funcionam também como *microdoses de cuidado* no tratamento terapêutico de muitas pessoas. São químicas que, usadas com cuidado, podem ser poderosas e terapêuticas.

Não estou aqui apontando uma saída fácil para dilemas e questões. Estou indicando caminhos que trabalham a medicina em potência e significado. Como a sensação é maravilhosa, é preciso atentar para situações de excesso e dependência. No meu caso, sentir em alta dose me fez perceber as sensações e reconhecê-las para além da experiência, em momentos do cotidiano.

O valioso aqui é entender que há uma química no cérebro que precisa ser estimulada em pequenas atividades ao longo da rotina, que todos nós precisamos de microdoses de cuidado. Elas podem vir com atividade física, tempo de qualidade com pessoas amadas, hobbies prazerosos e até mesmo tédio. Se você pensar que a ocitocina é liberada quando abraçamos alguém, abraçar quem você ama já é uma microdose de cuidado.

Com frequência, pesquisas têm mostrado que mais contato e interação com a natureza estão associados a uma melhor saúde do corpo e da mente. A natureza é uma fonte enorme de química saudável para o cérebro, começando pela comida que botamos para dentro. Um estudo avaliou como sons urbanos (ruído de tráfego) e naturais (cantos de pássaros) afetam o humor, paranoia e habilidades cognitivas. Com 295 participantes, descobriu-se que o ruído do tráfego aumenta a depressão. Por outro lado, ouvir pássaros cantando, principalmente de alta diversidade, diminui a depressão, ansiedade e paranoia, sem alterar o desempenho cognitivo. Os resultados indicam possíveis usos práticos de paisagens sonoras em locais como enfermarias psiquiátricas para reduzir sintomas de ansiedade e paranoia.[50]

Outro estudo mostra que o exercício aeróbico pode contrariar a redução natural do hipocampo em adultos mais velhos, melhorando a memória e diminuindo o risco de demência. Um estudo demonstrou aumento de 2% no volume do hipocampo após o treinamento.[51]

O legal dos caminhos terapêuticos é que, quando você olha para dentro, deixa de usar os outros como norte para se colocar como parte de um todo. Você percebe que é um ser humano que faz parte da natureza e de uma comunidade, e como pode ou consegue se relacionar melhor. É um processo dual, porque, se por um lado você se vira para si, por outro é justamente essa guinada que possibilita ver que seu umbigo não é o centro do mundo. A questão é que é difícil fazer isso quando se vive na lógica da produtividade e aceleração, porque exigem outros tempos.

Outros tempos

Há momentos de produzir é há os tempos de ser humano. Esses são os momentos de cuidado e prazer baseados na lógica da natureza. Um deles é o *tempo de experienciar as coisas*, ou seja, aquelas horas em que você está experimentando eventos ou coisas importantes, como o aniversário do seu filho, um show de música ou a leitura de um bom livro.

Há também o *tempo de sentir as coisas*, em que você precisa se conectar com suas emoções, como quando alguém fala uma coisa, mas você não consegue processar imediatamente, tomando às vezes um dia inteiro para digerir o sentimento. Ou quando você está de luto e precisa de um período para se desapegar de quem partiu e lidar com as ondas que vêm e vão sem pedir licença.

Outro tempo de ser humano é o de *contemplar*, quando você está se concentrando sem esforço. Sabe quando você está olhando um bebezinho e fica fissurado? Ou quando você está vendo um pôr do sol tão maravilhoso que não quer nem piscar? Mesmo sem forçar, você está concentrado em algo que causa encanto, seja um pet, uma planta, uma criança, uma paisagem.

Também temos o *tempo de integrar*, quando estamos na natureza ou envolvidos com os outros. Precisamos de outras pessoas, abraçá-las, beijá-las, compartilhar as fofocas e durezas da vida. Também gostamos de azul e verde, de respirar ar puro, sentir a soberania da natureza.

Para onde foram esses tempos? – eu pergunto. Hoje, quando saímos para um passeio, antes mesmo da experiência, já temos a foto e a legenda sobre ela. Você nem chegou lá, ainda está no carro, mas já imagina o que vai compartilhar e tem expectativas sobre quem vai interagir com o post.

Com frequência, transformamos momentos importantes em objetos de consumo. Não basta gostar de um estilo musical; você tem que ser um especialista, saber *tudo* sobre ele, consumir o que puder. Não é suficiente ser inspirado ou experimentar alguma coisa; você tem que comprá-la, capturá-la, dominá-la, exibi-la, validá-la. E, se você for pensar, todo esse trabalho para ser reconhecido pelos outros cria uma persona que exige ainda mais consumo para ser sustentada. Você vê a propaganda do novo celular e passa a querer aquele modelo, porque é sinal de poder, de status, e é assim que gostaria de ser percebido pelos outros, o que o faz trocar de celular a cada ano. Sabe como é?

Os tempos de ser humano estão sendo sequestrados pelo consumo e pela lógica capitalista de capturar coisas e momentos. E o consumo vai ocupando cada vez mais espaço sem suprir a experiência. As boas experiências são aquelas em que você nem lembra de tirar foto, de tão absorto que está no presente. É quando você sai com alguém e diz: "Precisamos fazer isso mais vezes".

Você já deve ter percebido que não estou sendo linear em meu discurso. Quero que as ideias se permeiem, pois nada na vida é linear. Nem este livro, nem minha história, nem as expectativas de um ser humano sensível em um mundo que constantemente se transforma. Lembro-me, com um toque nostálgico, das fotos tremidas dos rolos de filme da minha infância. Momentos capturados em 32 poses. Hoje, o tempo de viver se mescla com o tempo de compartilhar, criando uma confusão que às vezes nos distancia daquilo que queremos realmente preservar.

Imagens contam histórias, reveladas em ângulos, cores e gestos. Mas a realidade, sabemos, nem sempre se espelha nas fotografias. Há pessoas exaustas, compartilhando com orgulho suas madrugadas de trabalho, sem pregar o olho à noite.

Aos poucos, vamos tecendo histórias por meio de imagens que capturam momentos felizes, reflexões que desejamos emoldurar. Ficar off-line e registrar momentos sem a pressa de compartilhar nos permite viver mais cada experiência de forma mais presente e interagir melhor com nossa comunidade. Em uma sociedade obcecada por imagens, vivenciar algo novo se tornou um ciclo de capturar e compartilhar. Registro, compartilho, logo existo. Nós, seres conectados, compartilhamos enquanto refletimos, e seguimos contando nossas histórias mesmo após a resposta do outro. Mas quais histórias estamos realmente contando?

Histórias existem mesmo sem virar fotos. Memórias permanecem quando, no presente, não fugimos da própria narrativa.

> Viver é preciso, registrar é benefício, compartilhar é opcional.

Em vez de abrirem espaço para viver e sentir, as pessoas vão se anestesiando. Com fotos, com feed, com pílulas, com mais correria. Mas é incomum para um ser humano não sentir alguma coisa – o corpo produz uma série de emoções o tempo todo, como raiva, tristeza, alegria, amor e emoção, mesmo quando não verbalizadas. Então, quando não há o tempo do sentir, as emoções não são acolhidas. É como se a pessoa falasse: "Não tenho tempo para isso. Tenho que fazer meu rolê, porque tem as crianças, a casa, meu pai, minha mãe, meu trabalho". Imagine que você está cansado depois de um dia de trabalho, chega em casa, se senta no sofá e, após alguns minutos, sente que está entediado. O que você faz? Provavelmente pega o celular e fica arrastando seu feed. Pronto, você tapou a voz do seu tédio.

Muitas vezes, inclusive, esse silenciamento se dá porque estamos focados na sobrevivência, que exige uma camada protetora para esconder nossas emoções, especialmente as dores. É como se fosse um alerta de "Nada vai me atingir". Por isso, num país tão desigual quanto o Brasil, em que muitas vezes não há suporte nas comunidades para cuidar de necessidades básicas, vemos que o tempo de sentir é um tempo distante, ao qual pouquíssimos têm acesso.

O mesmo vale para o tempo de contemplar. A contemplação opera num tempo mais lento, em que a gente se demora, o que é inaceitável no mundo da aceleração. Inclusive, a contemplação é o caminho para os demais tempos, porque é nela que nos envolvemos com o aqui e agora, que aproveitamos a experiência, nos conectamos com os outros e podemos observar nossos sentimentos. É a partir da contemplação que podemos experimentar a verdadeira integração.

O papo sobre *vita activa* (vida ativa) é, inclusive, bem frequente nos escritos de Byung-Chul Han, principalmente no livro *Vita contemplativa*. Apesar de não ter inventado essa expressão (ela vem da filosofia antiga e foi a Hannah Arendt que a colocou no mapa), Han a utiliza para falar sobre como as coisas funcionam hoje em dia em nossa sociedade acelerada.

No livro *A sociedade do cansaço*, Han coloca a *vita activa* e a *vita contemplativa* (vida pensativa) se encarando de frente. Na filosofia, *vita activa* é a vida de ação, de botar a mão na massa, enquanto a *vita contemplativa* envolve pensar, refletir e cuidar da alma. Han defende que, na nossa sociedade, a *vita activa* está ganhando de lavada. Há um valor colocado sobre o agir, produzir e ser eficiente, muitas vezes em detrimento do valor do pensar, refletir e cuidar de si mesmo. Ele liga a *vita activa* à cultura de sempre ter que apresentar resultados e à pressão constante para ser produtivo, o que leva ao cansaço e ao esgotamento. Mas ele dá também uma dica: é preciso equilibrar essas duas vidas. O autor sugere que, para vivermos bem e com saúde, é necessário haver um equilíbrio entre ação e reflexão. Sem esse equilíbrio, a gente corre o risco de se desgastar e perder o sentido da vida, tudo por causa da hiperatividade e da necessidade constante de se superar.

Todos esses tempos estão conectados! Não é um tempo certo, fechado, como acontece no tempo da produção, em que você trabalha das 8h às 18h. Eles não funcionam à base da divisão do trabalho ou dos horários da nossa agenda. Se você está contemplando, está sentindo, experienciando e está, portanto, longe das horas. Eles não funcionam na lógica do tempo ocidental, certinho, medido pelo relógio, da tal flecha que só anda para a frente.

A sutil arte de fazer escolhas

Como os tempos de ser humano estão conectados e é preciso ouvir seu corpo para respeitá-los, eles nos levam a desenvolver soft skills, habilidades que têm a ver com o comportamento humano – coisa que não aprendemos na escola. Aposto que ninguém ensinou você a ter mais criatividade, por exemplo. Mas ensinaram matemática, física e escrita, certo? Isso porque, num mundo linear e direto, só são valorizadas as hard skills, as habilidades técnicas. Só que isso não é o suficiente para navegar no mundo.

Em vez de só focarmos em trabalhar as hard skills, precisamos também investir em nossas soft skills, como comunicação, colaboração, criatividade, que não são desenvolvidas de um dia para o outro. Elas pertencem a todos os tempos de ser humano. Não são "pá-pum". Um bom paradigma para isso é o fluxo dos artistas, inventores e pensadores do passado. Por exemplo, Beethoven acordava tarde, tomava café, compunha músicas à tarde até o início da noite, depois jantava, caminhava, parava numa taverna para ler o jornal, depois comia antes de dormir. Benjamin Franklin, por sua vez, passava horas da manhã planejando o que iria fazer, tomava café, trabalhava por algumas horas, parava para ler ou comer, depois trabalhava mais um pouquinho, aí conversava ou ouvia música, analisava como havia sido o dia e ia dormir.[52]

Outros tempos levam ao desenvolvimento de outras inteligências. Há um déficit de inteligência emocional em nossos grupos; a maioria das pessoas não lida bem com as emoções, e algumas nem as conhecem direito. E sigo a reforçar: ter os recursos para entrar em contato com elas é um verdadeiro privilégio.

> Tempo com as emoções promove melhorias nos tempos das ações.

De todo modo, estar com as nossas emoções não é algo rápido nem simples. Sigo acessando novas partes de mim e sei que vou passar a vida me redescobrindo. Quando eu era nova, queria muito ter uma solução instantânea – "Eu quero resolver isso logo, quando vou estar boa? Quando vou superar isso?". Mas não há pílula mágica; sempre estamos no meio de algum ciclo, de algum processo. Uma árvore que tem uma marca vai continuar com aquela marca – o bom é que isso não vai impedi-la de crescer. Da mesma forma, vamos evoluindo mesmo carregando alguns assuntos não resolvidos, porque as emoções não seguem a cartilha do capitalismo. Não se trata de algo que começa, termina, e então vem a próxima, que termina e é sucedida por outra, como uma esteira de fábrica.

Quantas vezes fui me ocupar para não sentir? Muitas. Se eu ficava triste, se a tristeza me incomodava, me doía, então eu me ocupava com algo do trabalho para não deixar doer. Às vezes, não é que não temos tempo para as coisas; é que é simplesmente difícil lidar com elas. Desacelerar é preciso para parar de fugir e encarar o que nos amedronta.

Para a pesquisadora Obirin Odara, às vezes, "sua dita procrastinação pode ser um boicote à urgência, pode ser o tempo que seu corpo leva para digerir tudo que envolve algo que não é uma mera atividade simples".[53]

> Talvez nem toda demora seja procrastinação do nosso corpo. Tem coisas que precisam apascentar, se alinhar, emoções que precisam ser digeridas, um bocado de informação que se alinha, porque nada é tão simples

quanto o que supostamente está posto à mesa como mera atividade... E todo dia é um bocado de coisa que resiste à pressa da máquina, da tecnologia, da conexão real, da urgência empresarial e política. Todo dia o corpo segura as rédeas para não se envenenar por completo e continuar sendo vivo e complexo.

Deve existir sim procrastinação, mas talvez nem toda leseira seja boicote a si mesma, pode ser só um boicote à modernidade. A espiritualidade ensina sobre isso e sempre que dá me lembro e suspiro.[53]

Temos que abdicar da sede por resultados rápidos, temos que parar de dar crédito e palmas ao discurso dos que dizem para "trabalhar enquanto os outros dormem". Estamos muito imersos nessa lógica, por mais que não acreditemos nela de verdade. Não é para trabalhar mais! É para dormir mais mesmo. Quando focamos na saúde e no cuidado, percebemos que o devagar funciona, que focar no presente e respeitar o corpo funciona. Que somos mais produtivos e dispostos quando desenvolvemos as habilidades e cuidamos da nossa relação com o tempo.

Se só valorizamos o fazer, não somos capazes de encontrar nossas emoções. Meu caminho de entendimento disso foi através do yoga e do mindfulness. Mindfulness é a prática de colocar atenção plena em tudo que se faz. Você não só lava uma louça, por exemplo; você se concentra nos movimentos da esponja, na água que escorregue pela mão, no perfume do detergente. Ao caminhar, você presta atenção nos seus passos, no chão embaixo dos seus pés, na sua respiração, na paisagem ao redor. Já a atenção do iogue é diferente. Em sânscrito, yoga é união, é a cessação de todo movimento e da mente para que seja possível sentir e se preparar.[54] Em outras palavras, o yoga é, na verdade, uma parada do movimento. Ao fazer isso, você ouve o *seu* som. A mente se cala e você pode perceber, de verdade, o seu corpo.

Para isso, você tem que realizar um movimento, um asana, até onde conseguir. No yoga, vamos sempre abrindo espaço. Se chegou, dá para ir um pouquinho mais. E um pouquinho mais... Com a prática, vamos entendendo os limites e como ultrapassá-los de maneira confortável, sem violência. Os limites nem sempre estão no nosso corpo. Vou dar um exemplo: logo depois do meu divórcio, Malu Machado, minha querida mestre de yoga, me colocou para praticar a invertida sobre a cabeça. Como excelente instrutora que é, aos poucos foi me ensinando os movimentos e a ficar confortável com eles. Todas as vezes que pratiquei esse asana ao lado dela, ela me deu suporte dizendo: estou aqui. O apoio de minha mestre foi fundamental para que, depois de dois anos de prática, eu conseguisse fazer esse movimento sozinha. Já vi pessoas que fizeram esse movimento na primeira aula. Eu levei dois anos para acreditar que meu corpo ficaria bem de ponta-cabeça. O corpo só foi quando a mente acreditou.

Inversões, posturas de yoga em que a cabeça fica no mesmo nível ou abaixo do coração, ajudam a melhorar sua variabilidade da frequência cardíaca (HRV) de forma saudável. Essas poses são menos exigentes para o coração, pois requerem menos esforço para bombear sangue ao cérebro quando você está na posição deitada ou de cabeça para baixo.[55] No momento que me vejo olhando o mundo de pernas para o ar, o tempo parece fazer uma pausa. É claro que não é possível parar cem por cento, porque o corpo ainda respira. O yoga acaba sendo uma espécie de tempo da emoção em que a gente se move, pensa, processa, questiona, para, respira fundo, se movimenta e, por fim, descansa. Sabe aquele asana que se faz no final de uma sessão de yoga, o savasana? Pois é, a prática diária da postura do cadáver, que envolve deitar-se de costas e respirar de forma consciente, pode levar a uma redução significativa da pressão arterial, indicando que a postura do cadáver é também uma ferramenta fácil e eficaz para o manejo da hipertensão.[56]

Esse é um estado que vale mais encontros. Um estado de descoberta de nossos limites e nosso eixo. Onde e como podemos encaixá-los na rotina corrida? Como encaixar esse tempo de sentir, de desenvolver inteligência emocional, quando há tanto o que fazer?

Eu recomendo começar removendo os ruídos. Sério, pra ontem. As notificações do celular, as notícias da mídia (sim, é importante ter acesso à informação, mas sem exagero!), o número de demandas, de compras, de e-mails. Talvez o que é realmente urgente seja deixar algumas coisas para trás e abrir espaço para outras. Desapegar é fundamental para desacelerar. Se há um aprendizado que o yoga me trouxe em termos de desapego foi este: às vezes, a gente acha que o desapego se refere a não ter coisas, mas o real desapego é percebermos que as coisas não nos possuem.

Do que você vai abdicar para que o essencial caiba? Do que é necessário desapegar? O que prende você hoje na aceleração? Na Organização Centrada no Ser Humano, a ideia não é acrescentar mais atividades, mas diminuí-las, reduzi-las. Estamos num ponto, enquanto sociedade, em que precisamos reduzir a carga horária de trabalho, reduzir a quantidade de informação à qual estamos expostos, reduzir a quantidade de tralha que enfiamos no armário, no planeta e nas nossas costas.

Isso não significa ter uma vida restrita, mas fazer escolhas conscientes e saber do que dá conta. Significa abrir espaço para ser humano. Significa, na hora de começar a montar uma rotina, priorizar os tempos de ser humano para, então, encaixar o trabalho e todo o resto. Trata-se de colocar o tempo de sentir, de experienciar, de contemplar e de se integrar no calendário. Primeiro.

OK, eu sei, é difícil fazer isso no mundo em que a gente vive. Talvez você ache que estou propondo um mundo cor-de-rosa. No entanto, eu realmente acredito que, se quisermos um mundo mais saudável, precisamos combater a colonização da produtividade de forma coletiva. Por isso, nos próximos capítulos, vamos conversar sobre como também somos uma comunidade – e como, juntos, podemos encontrar mais tempo para cuidar da vida.

Capítulo 8

Somos cíclicos, somos comunidade

> A natureza não tem pressa, e mesmo
> assim tudo se cumpre.
> Lao Tzu

Somos natureza, e a natureza trabalha de forma coletiva. A nossa ciclicidade nos leva a um lugar de comunidade sem o qual sofremos.

Isso ficou muito claro durante a pandemia do coronavírus, quando encaramos a fragilidade da vida. Em seus primeiros estágios, nos aproximamos das narrativas de cinema: vivíamos e nos comunicávamos apenas por telas. Antes de 2020, o Instagram, o Zoom, o Facebook e o WhatsApp já assumiam papéis fundamentais na nossa comunicação, mas se tornaram ambientes dominantes de interação e troca de atenção.

Acontece que a vida on-line não é moleza. Demanda tempo, prática e ajustes para estruturar uma boa base de conhecimento, conteúdo, troca e trabalho. O que, para mim, foi permitido construir com tempo, prática e ajustes, para muitos, durante a pandemia, virou imposição, um novo padrão.

De uma hora para outra, o *home* virou *home-office-school-gym-bar--class-lounge-playground*, e muitos foram atropelados por todas as demandas possíveis e imagináveis. Com o trabalho, a escola e toda uma vida dentro de casa, instaurou-se um novo nível de realidade, e essa adaptação estava longe de ser simples. O dia a dia das pessoas ficou muito mais cansativo, o trabalho parecia não ter fim, as rotinas ficaram uma confusão e a lista de coisas a fazer só aumentava. Para tantos, sem rede de apoio, a gestão do dia a dia ficou simplesmente insana.

Sem falar que o ambiente estritamente on-line potencializou um mundo multitarefa, abarrotado, com interrupções constantes, reuniões desnecessárias, comunicação não efetiva, altos níveis de ruído, preocupação e ansiedade. Foi grande o número de especialistas que escreveram sobre a fadiga do Zoom, o fenômeno da exaustão por conta da comunicação on-line.[57,58]

O mesmo não acontece em encontros presenciais. A comunicação não verbal – gestos, tons de voz, linguagem corporal – nos auxilia na transmissão e entendimento da mensagem, e isso se perde no virtual. Consequentemente, prestamos mais atenção em quem está no outro lado da tela, gerando maior esforço visual e auditivo. Some-se a isso ter que ver a própria imagem; temos aí reunidos todos os ingredientes para o mal-estar! Afinal, é difícil não se questionar sobre a própria imagem quando se está olhando para ela o tempo todo.

Na realidade da quarentena, os carros e as roupas foram substituídos como sinais de status pela iluminação da casa, a biblioteca de fundo da câmera e até mesmo os backgrounds do Zoom. A pressão de "parecer de um jeito" e "mostrar o que está acontecendo" continuou. A vida social on-line ficou intensa, trazendo cansaço, fadiga e esgotamento mental.

Tudo isso mostra o quão essencial é manter o contato com os outros, sentir-se parte de uma comunidade. Enquanto a pandemia nos forçava a sair das ruas, buscávamos incessantemente contato virtual para nos relacionarmos com as pessoas da nossa vida. Porém, sem o filtro necessário, nos estressamos e fomos bombardeados por distrações. Não houve tempo para criarmos rituais que nos mantivessem no presente, tampouco um sistema para lidar com os novos tipos de comunicação e situação. E, sobretudo, não houve tempo para digerir as mudanças.

Os elementos da mudança

Há uma íntima relação entre as mudanças da vida e a organização. Todo cenário de mudança exige uma mudança de organização. As mudanças não dizem respeito só a uma troca de lugar, como mudar--se para outra casa. Podem vir, por exemplo, com a chegada ou despedida de alguém, até mesmo um novo emprego. As pessoas buscam organização para lidar com os desafios da mudança – o que acontece com frequência, já que a única constante na vida é que tudo está sempre mudando. Como é um processo complexo, temos que gerenciá-lo, acessando camadas de análise e planejamento que só a organização oferece, mas que precisa ser construída com suporte de outras pessoas, pois vivemos em sociedade.

Acredito que, ao acessarmos nossa intuição, percebemos e aceitamos as trocas de um processo de transformação e podemos aplicar a organização para que a vida possa fluir. O modelo de Tim Knoster é usado justamente para lidar com mudanças complexas e pensar no gerenciamento dos desafios de vida.[59]

De acordo com Knoster, há cinco elementos que possibilitam a mudança de maneira efetiva:

- **Visão:** por que você está fazendo o que está fazendo, para evitar confusão com outras possibilidades.
- **Habilidades:** resultado de um treinamento para realizar a mudança.
- **Incentivos:** as vantagens e vitórias que evitam a resistência à realização de atividades.

- **Recursos:** ferramentas e sistemas para evitar frustrações.
- **Plano de ação:** roteiro detalhado de execução.

Todos esses elementos aparecem na Organização Centrada no Ser Humano. Perceba que tudo começa com uma visão e propósito que nos permita priorizar nossas forças e recursos, planejar uma rota, trabalhar com o que temos, persistir com as habilidades necessárias e viver os *ups and downs* do processo.

Parece simples quando olhamos para a mudança em uma simples lista de cinco tópicos, né? Mas a complexidade está no encontro desses elementos na prática do dia a dia, para que seja possível navegar na mudança. Sabe como esses encontros ficam fortalecidos? Com atividades de organização e apoio de um grupo, claro!

O modelo de Knoster apresenta uma combinação de elementos:

Visão	Habilidades	Incentivos	Recursos	Plano de ação	= Mudança
	Habilidades	Incentivos	Recursos	Plano de ação	= Confusão
Visão		Incentivos	Recursos	Plano de ação	= Ansiedade
Visão	Habilidades		Recursos	Plano de ação	= Resistência
Visão	Habilidades	Incentivos		Plano de ação	= Frustração
Visão	Habilidades	Incentivos	Recursos		= Falso começo

Fonte: adaptada de Knoster (1991). Presentation in TASH Conference, Washington, D.C. Disponível em: https://www.k-state.edu/hr/docs/Knoster%20Model%20for%20Managing%20Complex%20Change.pdf. Acesso em: 12 mai 2024.

Quando todos os elementos estiverem alinhados, ou seja, quando houver coerência e sustentabilidade, a mudança acontecerá. Quando a visão está ausente, a pessoa pode ter toda a estrutura do mundo, todas as habilidades, todos os incentivos, planos e recursos, e ainda assim sentir-se confusa e perdida sobre o caminho que está trilhando. Nos momentos de mudança de vida, principalmente as grandes mudanças, como o luto, uma gravidez ou ainda uma separação, somos levados a questionar esse lugar de visão e propósito em sua essência.

> A confusão permanece onde o porquê desaparece. A nossa maior missão aqui no mundo é a cura. De nós mesmos. Do mundo.

Por isso mesmo, qualquer processo de organização pessoal que possibilite uma verdadeira mudança começa pelo olhar interno, pelo autoconhecimento. É a partir disso que conseguimos enxergar valores e princípios de vida que nos orientam para um propósito maior, uma visão que leva à cura.

Para tantos, a mudança gera um nível altíssimo de ansiedade. Posso, inclusive, me colocar nesse balaio. Porém, a redução da ansiedade pode acontecer quando temos as habilidades necessárias para lidar com a mudança. Cada momento de vida pede novas e aprimoradas habilidades, sejam elas técnicas para um novo emprego, por exemplo, ou emocionais, como as essenciais para a continuidade de uma relação.

Pais de primeira viagem sabem que precisam aprender a cuidar de um novo ser, imigrantes sabem que precisam aprender a viver em outra cultura e dominar uma nova língua, recém-casados precisam aprender habilidades de comunicação e convívio. Enfim.... não nascemos com tudo que precisamos para enfrentar as mudanças, mas podemos desenvolver a capacidade de fazer isso se nos organizarmos em comunidade. É importante aprender com as experiências dos outros, seja em casa, na escola ou na internet.

A habilidade provém da prática, e a rotina sustenta a prática. Na Organização Centrada no Ser Humano, começamos com a priorização das atividades do dia a dia e, se o projeto prioritário é uma mudança, a organização dará lugar à prática das habilidades necessárias para tal.

> Para evitar a ansiedade, envolva-se com o que vai ajudar na mudança.

Temos que atentar também para as resistências que aparecem diante da complexidade de uma mudança. Elas aparecem quando não há acesso a conquistas e vitórias. É como ver um projeto difícil que não tem nenhum planejamento, saber que há muito a ser realizado e nenhum incentivo a curto prazo. Você já passou por isso?

Para evitar a resistência na realização de atividades, precisamos de incentivos. São eles que possibilitam ganho de satisfação e contribuem com o caminho de mudança. Na Organização Centrada no Ser Humano, consideramos muito as revisões, o contato com os planos e a persistência nos processos, pois é assim que podemos melhor compreender os ciclos. Ao entrar em contato com seus planos e fazer (ou buscar) um pouco por dia, é possível gerar satisfação a curto prazo vendo o progresso nos projetos. É uma questão de constância, e a constância varia de acordo com os nossos ciclos, como você já sabe.

Precisamos celebrar pequenas vitórias para caminhar rumo a grandes transformações. Quando organizamos nossas atividades, conseguimos não apenas enxergar essas pequenas vitórias, mas também ver o quão perto elas nos deixam do nosso propósito.

É claro que é importante ressaltar que nem sempre temos os recursos necessários para a mudança, sejam físicos, financeiros, emocionais... Cada mudança pede um kit de ferramentas para evitar frustrações. Acontece que é difícil saber quais ferramentas serão necessárias a cada mudança, né? Não estamos preparados para todas as mudanças da vida. Bem, é aí que entra a organização... de novo!

> Uma mente organizada pensa no futuro e age no presente. Uma mente organizada sonha e, ao mesmo tempo, cria possibilidades.

A vida adulta nos apresenta o desafio de nos organizarmos para treinar habilidades e cuidar bem de nossos recursos para que, no momento em que uma mudança bata à porta, seja possível usar as ferramentas e os recursos obtidos, evitando a frustração. Contudo, mesmo que tenhamos toda a disciplina, o nosso redor nos impacta profundamente.

Já passei por várias mudanças. Troquei de curso na faculdade, mudei de casa, estado e país, fiz transição de carreira, mudei de emprego algumas vezes, fiz transição capilar, adaptação de dieta para restrições alimentares, passei por lutos, algumas separações e um divórcio. Assim como você, tenho muitos momentos de altos e baixos. Porém, como venho praticando a troca do controle para o cuidado, com meditação, boa alimentação, exercícios e terapia nos últimos anos, sinto que tenho ferramentas para passar com certa estrutura por momentos mais complexos que possam vir com estrutura, enquanto sigo encontrando novas ferramentas de acordo com o que estou vivendo.

Usamos o que temos, fazendo o melhor que podemos, para que a mudança nos leve para o próximo degrau da nossa vida.

Então, não poderíamos deixar de lado o elemento de planejamento, que é essencial para a mudança e fundamental para a organização acontecer. Sem um plano de ação, sem o pensamento sobre os próximos passos, fica complicado decidir a direção do tempo e da atenção. O plano de ação contém o roteiro detalhado da execução – que pode ser sempre revisto – e com ele pisamos em território mais seguro. A ausência de plano de ação pode gerar a sensação de falso começo ou, ainda, de atirar para todos os lados.

Para que a mudança de fato aconteça na sua vida, preste atenção na combinação e na força que está depositando em cada um desses elementos. E, é claro, tenha paciência com esses processos e com a melhoria ou construção deles. Entenda também que a Organização Centrada no Ser Humano é o caminho ideal para chegar aos componentes de mudança e práticas em ciclos de vida.

A relação entre ciclos de vida e mudanças

As mudanças acontecem e evoluem em ciclos porque, muitas vezes, estamos trabalhando em camadas que exigem mais modificações, como o desenvolvimento de uma habilidade de organização que demanda uma alteração de rotina e distribuição nova de recursos.

Mudança não é coisa de três minutos, e o *sapiens* é doido por uma recompensa imediata. Veja bem, não é porque você viu um vídeo perfeito sobre a ferramenta digital do momento que sua vida vai mudar. E não é porque tem gente que faz parecer simples que é fácil.

Não vamos mudar as coisas de uma hora para outra; há muitas camadas da cebola a serem trabalhadas, mas talvez possamos pensar em melhoria contínua por meio de experiências coletivas.

Melhoria contínua demanda análise contínua, imaginação, desenvolvimento de habilidades, controle de recursos, planejamento de ações, reconhecimento de incentivos e saúde mental, física, energética, emocional. Tudo isso pode ser mantido de maneira simples por um, enquanto é um desafio de construção para outro. O tempo sabe mais. A prática mostra mais. Grupos facilitam entendimentos. Novos sistemas possibilitam mudanças.

Somos designers de mudança – embora alguns com mais capacidade de agir, é verdade. Nossa atuação acontece onde nos cabe atuar, onde encontramos valor na experiência e transmitimos valor para as comunidades nas quais atuamos. E as habilidades de um designer envolvem pesquisar, sistematizar, planejar e programar. Todo design tem uma conexão muito forte com o processo das coisas, com o desenho das coisas.

Respeite seu ciclo de mudança, o seu momento de ser designer da sua vida e do seu trabalho. Observe qual elemento está faltando no seu fluxo de mudança. Construir o simples vem com o mergulho no complexo. É por isso que terapia e cuidado são essenciais! Estamos sempre passando por mudanças nos ciclos de vida e precisaremos de suporte para nos auxiliar com os desafios.

Gosto da visão da antroposofia e da teoria dos setênios para pensar nos nossos ciclos e entender como, a cada sete anos, nossas necessidades mudam e, por consequência, a visão é mexida, assim como o desenvolvimento de habilidades, recursos, incentivos e plano de ação.

A teoria dos setênios foi pensada por Rudolf Steiner, um ocultista austríaco, reformador social, arquiteto, esoterista e autoproclamado clarividente, a partir da observação dos ritmos da natureza, da qual todos somos parte. Entender os momentos que estamos passando nos ajuda a perceber o nosso papel no presente e a saber onde devemos focar. Veja no quadro a seguir quais são os setênios e os desafios que atravessamos, segundo a antroposofia.

Os setênios

63 a 70 anos: (em diante) serenidade

56 a 63 anos: abnegação, sabedoria, fase intuitiva

49 a 56 anos: ouvir o mundo

42 a 49 anos: altruísmo x querer manter a fase expansiva

35 a 42 anos: consciência da vida

28 a 35 anos: fase organizacional

21 a 28 anos: experimentar limites – a independência e busca de talentos

14 a 21 anos: puberdade/adolescência – amadurecimento social e identidade

7 a 14 anos: sentido de si, autoridade do outro

0 a 7 anos: o ninho – interação entre o individual e o hereditário, a percepção do eu!

Na vida, temos os projetos que planejamos e os que a vida planeja para nós. Por isso mesmo, entender o tempo da natureza é fundamental a fim de que possamos nos organizar para as mudanças de cada ciclo.

> A vida passa depressa, é dinâmica, e entender melhor esses momentos poderá trazer certa conformidade e esperança.
>
> Rudolf Steiner

Quando somos crianças e adolescentes, temos recursos e incentivos fornecidos pelos nossos pais para que possamos crescer. Vêm deles também o plano e a visão, enquanto vamos desenvolvendo habilidades que usaremos por toda a vida.

Nossos primeiros anos nessa dimensão da matéria nos levam a perceber o eu e a autoridade do outro. Crescemos e somos levados ao amadurecimento e entendimento de identidade; passamos a criar visões e planos por nós mesmos, enquanto seguimos crescendo e experimentando limites, encontrando talentos, reforçando habilidades, buscando incentivos e estrutura.

Cada setênio é uma fase, e passar de fase depende de viver os desafios e projetos de cada ciclo. Se uma fase é "pulada", a conta poderá chegar lá na frente. É o tempo da natureza, e a conta da natureza também. Precisamos de clareza dos elementos para passar de fase e só a vivência dos ciclos nos permite isso.

A maioria dos meus clientes e alunos tem entre 28 e 42 anos, ou seja, são pessoas que estão passando pela fase organizacional e de consciência da vida. É por isso que decidem participar de um processo de Organização Centrada no Ser Humano: estão conscientes dos projetos da vida e sabem que essa habilidade (organização) é crucial para a mudança. Está tudo conectado.

A relação entre rotinas e mudanças de vida

Mudanças de vida são resultados da combinação de alguns elementos – isso você já assimilou. Sabe também que essas mudanças acontecem de acordo com os ciclos de vida e os desafios pessoais e que é interessante ter consciência desses ciclos. Acho válido, então, trazer as rotinas para a nossa conversa.

Nem sei o que seria de mim nesses momentos de altos e baixos da vida sem as minhas rotinas, sabe? Elas sempre me dão sustento para lidar com a imprevisibilidade da vida. Dão força para encarar os desafios, aprender as habilidades necessárias, seguir com o plano de ação e viver o que preciso viver.

Não acredito que a rotina seja algo que congele as pessoas, muito pelo contrário! Acredito que rotinas são caminhos de flexibilidade e liberdade.

Acontece que o conceito de rotina tem uma carga muito pesada, que deve ter sido reforçada com todo o conceito da Revolução Industrial sobre produtividade. A rotina ficou com esse ranço do mecânico, do "tudo igual sempre". Mas estamos aqui para quebrar mitos e fazer diferente, não é mesmo?

Você não precisa ter uma única rotina – pode ter várias! Pode ter uma rotina para quando acorda cedo, outra para quando acorda tarde; uma para priorizar o trabalho, outra para quando estiver em viagem. Dependendo do lugar onde você está ou da estação que está vivendo, a rotina muda.

> A sua rotina não é inimiga; ela é o que permite ter flexibilidade estratégica! A medida certa da rotina vem com a adaptação aos momentos, e a melhor forma de entender esses momentos é observando a natureza.

As estações do ano são ótimas fontes de reconhecimento e formatação de rotinas. A cada estação, com o clima mudando, é possível entender como rotinas pessoais e rotinas de trabalho podem ser adaptadas. Existe o nosso tempo, o tempo dos outros e o tempo da natureza.

Gosto de pensar em rotinas de acordo com as estações; por isso, a cada momento, olho para os projetos de acordo com elas.

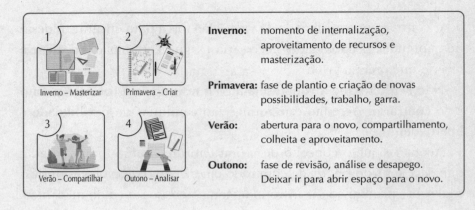

Olhar esses focos me ajuda a pensar no que preciso realizar a cada semana e o que reforçar na minha prática presente, mergulhando no complexo e permitindo a mudança efetiva.

É importante reconhecer o que leva você a fazer esse mergulho no complexo. Para mim, atividades que se conectam com a mente são fundamentais. Sou uma pessoa de ar, muito conectada ao mental e, por isso, os processos com fala e silêncio são os que me conectam ao meu lado mais profundo.

Estas são atividades que me ajudam a lidar com as mudanças e que podem ajudar você também:

- **Revisão:** sessões de organização diárias ajudam a manter a ordem nos próximos passos, a preservar os principais recursos e ter clareza do caminho a seguir.
    - O que fazer para começar nessa prática:
        - Cinco minutos ao final do dia checando a agenda para o dia seguinte, avaliando tempo de deslocamentos, prioridade do dia e organizando a bolsa com o que for preciso (esse tempo aumenta de acordo com o número de agendas que você precisa gerenciar; pais e mães, por exemplo, possuem a agenda dos filhos para conciliar).

- Quinze minutos de revisão do trabalho só para checar as demandas do dia seguinte, separar algo para alguma reunião, deixar a mesa arrumada.
- **Meditação:** sessões de meditação diárias ajudam a estar no presente, perceber elementos inconscientes e para onde aponta a intuição.
  - O que fazer para começar nessa prática:
    - De três a dez minutos de práticas respiratórias, com ou sem um aplicativo para guiar.
    - Uma caminhada ao ar livre de vinte a quarenta minutos duas ou três vezes por semana.
- **Yoga:** sessões diárias de yoga ajudam o corpo a equilibrar as maiores dores e vontades. O entendimento sobre o corpo nos ajuda a ter contato também com nossos sentimentos. Yoga, para mim, é prática completa, que permite conectar corpo, mente e espírito.
  - O que fazer para começar nessa prática:
    - Procure um instrutor, seja on-line, em um grupo na sua cidade ou com um amigo que já pratica, para realizar uma aula experimental e avaliar quando você pode sentar no tapete e praticar.

Para além dessas práticas essenciais, busco também o suporte na minha rede com:

- **Análise:** sessões semanais ajudam a mergulhar nas camadas mentais, permitindo a expressão livre do que vem à mente, possibilitando a "cura pela fala". Na psicoterapia, é comum o terapeuta intervir para trabalhar em comportamentos e crenças limitantes da pessoa. Já na análise, o paciente chega à sua verdade sozinho.

- **Escrita livre:** sessões diárias de escrita livre ajudam a externalizar sentimentos e opiniões. Muitas vezes, deixamos de falar algo ou deixamos escapar algo que pode ferir alguém. A escrita é um caminho alternativo de expressão que pode gerar registros de vida, ou ainda um legado que ajude outras pessoas em seus momentos de mudanças. Gosto de utilizar as redes sociais para compartilhar minhas reflexões, retratos de meus pensamentos e, por ali, ter novas percepções.
- **Conversas:** sessões de conversa com familiares e amigos queridos ajudam a entender prioridades e essência. As pessoas que são próximas de nós, principalmente as que nos conhecem já há algum tempo, sabem de nossos gostos e conhecem nossa essência, podendo dar um olhar que nos auxilia a entender nossos caminhos. Portanto, é primordial ter por perto quem nos quer bem e mantém uma comunicação aberta e honesta conosco.
- **Leituras:** histórias e conhecimento nos ajudam a olhar para novos mundos e construir novas realidades. São fontes acessíveis de incentivo e visão. Livros abrem portas para pessoas que estão a quilômetros de nós e generosamente cuidaram de registrar suas ideias para que outros pudessem, a partir delas, expandir a mente.

Todas essas atividades são rotineiras. Com o tempo e a prática, elas se tornam ferramentas poderosas que funcionam como recursos para mudanças de vida. Quem conta com tais rotinas, práticas de autocuidado e desenvolvimento de habilidades consegue passar por mudanças de maneira mais equilibrada e saudável. Nem todos, porém, têm tempo para a prática. Então, agora é hora de pensarmos na esfera do trabalho.

Quando pensamos no sentido individual, o desafio é abrir espaço para o autoconhecimento em um mundo e rotina acelerados. Quando pensamos em organizações, empresas, o desafio é abrir espaço para o progresso da cultura empresarial. Cultura bacana não consiste em camiseta e adesivo. Uma cultura forte tem a ver com liderança empática, respeito, flexibilidade, segurança psicológica, conexão, reconhecimento, equilíbrio vida-trabalho, acessibilidade, diversidade, comunicação transparente, confiança, desenvolvimento profissional coletivo e ações que correspondem aos valores da organização.

A cultura organizacional desempenha papel crucial na atmosfera do local de trabalho, contribuindo para o moral, a motivação e a satisfação das pessoas. Uma cultura positiva pode proporcionar muitas transformações, reduzindo a rotatividade e aumentando a produtividade, ao criar um ambiente de trabalho no qual as pessoas se sintam confortáveis e, acima de tudo, trabalhem com saúde. Não só isso; a cultura organizacional age como uma espécie de guia para o comportamento e as escolhas de todos na organização, estabelecendo o que é considerado bacana e desejável. Essa cultura também é refletida na marca, influenciando como o mundo vê a empresa e como se conecta a ela. Empresas com culturas fortes e positivas geralmente são vistas com bons olhos pelo público. Além disso, uma cultura organizacional forte e em sintonia com valores modernos pode atrair e manter talentos incríveis, o que é um diferencial no mercado de trabalho.

Mercado esse que está lotado de pessoas fazendo hora extra, sem nenhuma tolerância para mudanças e espaço para cuidados pessoais, como uma consulta médica. Muitos espaços de gestão são orientados pela lógica do comando e controle. Em muitas empresas para as quais prestei consultoria, o cenário se repetiu: colaboradores cansados, trabalhando com prazos curtos e sem flexibilidade, fazendo reuniões longas que poderiam ser substituídas por um e-mail e apostando em coisas que não necessariamente propiciam melhores resultados. O mercado peca na comunicação, na forma de criar, registrar e repassar suas políticas e processos, assim como em estabelecer caminhos de feedback e troca dentro de uma infraestrutura organizacional adequada para melhoria contínua.

Em uma cultura organizacional acelerada, veremos trabalhadores tentando conciliar o trabalho com a falta de sono e tempo, a dificuldade em gerenciar múltiplos papéis e responsabilidades, a falta de foco, a tendência a deixar tarefas inacabadas, a ansiedade em relação aos projetos, a procrastinação, a falta de planejamento, a dificuldade em priorizar atividades, estabelecer e manter rotinas, a sobrecarga de compromissos, a dificuldade em dizer não e a falta de conhecimento sobre ferramentas.

Esses desafios são mais comuns do que você imagina. Em maior ou menor grau, percebemos culturas que lidam com falta de foco, hábito de multitarefa, falta de planejamento, falta de apoio, interrupções, processos mal definidos e uso inadequado de ferramentas. A Organização Centrada no Ser Humano oferece soluções práticas para enfrentar esses desafios, incluindo a análise do tempo para compreender como ele é gasto, a priorização de tarefas para maior foco e eficiência, a eliminação de distrações para uma melhor concentração, a criação de um fluxo de trabalho alinhado com as prioridades, a filtragem eficaz de informações, a classificação correta de tarefas e a avaliação e planejamento regulares para manutenção da produtividade diária. Ao enfrentar e superar esses desafios, a organização pode, com o tempo, proporcionar mais espaços com segurança psicológica, conversas abertas, programas de assistência e aprendizagem, em que as pessoas podem trabalhar com mais consciência e tranquilidade.

Já falamos sobre a culpa ao descansar e a origem disso na cultura da aceleração. Saúde e bem-estar vão além de escolhas individuais porque o descanso não é uma resposta para o trabalho. Não devemos descansar para trabalhar mais. O descanso é um direito e uma forma de lidar com os contextos desiguais que temos, principalmente no nosso país. Descansar é um ato revolucionário que vai mexer cada vez mais nas estruturas organizacionais, no sistema e na sociedade. Já estamos vendo acontecer com movimentos que apoiam a jornada de trabalho reduzida e flexível, aumento da licença-paternidade, o direito à desconexão, a licença durante o período menstrual e por aí vai.

No Brasil, temos que levar em consideração que certas escalas ultrapassam a semana de cinco dias. Profissionais em algumas redes de supermercado, restaurantes e farmácias chegam a ter seis ou sete dias de trabalho para cada folga. O Movimento VAT (Vida além do Trabalho) pede a revisão da Consolidação das Leis do Trabalho (CLT) e o fim da escala 6x1, com seis dias de trabalho e um de folga. Ele surgiu a partir de uma petição pública elaborada pelo influenciador Ricardo Azevedo, em setembro de 2023.[60]

A escala 6x1, comum no mercado de trabalho, limita severamente o tempo pessoal dos trabalhadores. Seis dias de trabalho por semana significa pouco espaço para cuidados pessoais fundamentais, como consultas médicas, tarefas domésticas e, principalmente, descanso. A falta de um dia fixo de folga complica ainda mais a organização da vida pessoal e familiar.

Em um mundo onde já é desafiador equilibrar trabalho, vida pessoal e cuidados com a saúde, jornadas extenuantes como a 6x1 contribuem para a negligência com o bem-estar. A promoção de uma jornada de trabalho reduzida, como a semana de quatro dias, é uma alternativa que equilibra trabalho e vida pessoal, permitindo aos trabalhadores tempo para necessidades fundamentais.

Defendo fortemente a criação de políticas de proteção ao trabalhador, incluindo férias regulares, licença parental e limitação de horas extras. Saúde é um direito, e cuidar do bem-estar da população soa para mim como prioridade.

Mudanças culturais são importantes porque, para descansar, as pessoas precisam de tempo livre, e elas não conseguirão esse tempo enquanto a estrutura e o sistema da qual fazem parte não mudar. O cuidado deve chegar às pessoas nas organizações, por meio da linguagem, dos rituais, com suporte para as mudanças complexas que mencionei anteriormente. E também considerando o descanso, porque é um direito do ser humano.

Fórmula da produtividade

Dito isso, desconheço a fórmula mágica da produtividade. Também não sei como fazer mudanças estilo miojo – instantâneas e prontas no saquinho.

E, já que aqui estamos literalmente sendo um livro aberto, a verdade é que, desde o ensino médio, tenho problema com fórmulas. Passei em matemática e física porque ralei para entender os princípios, mas não sacava qual era a das fórmulas.

Gosto de estratégias que abrem brecha para flexibilidade e adaptações. Um movimento fora da fórmula é o suficiente para ela não funcionar.

Somos humanos. Adaptamos.

Modelos como seis dígitos em sete dias não funcionam para todos. Não funcionou para mim. Adaptei algumas estratégias e "falhei" porque saí da fórmula. Será que fiz errado? Eu diria que tudo é aprendizado.

Muitas vezes, essas fórmulas colocam você em um ciclo interminável de tentar > não obter os resultados esperados > desistir > encontrar uma nova fórmula milagrosa > tentar... ficar com vontade de arrancar os cabelos. O mesmo acontece com fórmulas para produtividade e desempenho.

Qualquer um de nós que já tenha se engajado nesse processo conhece na pele como é a frustração de ficar nesse ciclo. Até porque as consequências são perda de motivação, baixa autoestima, prejuízo financeiro e, muitas vezes, agravamento da situação que levou à busca pela fórmula.

É preciso paciência, porque a caminhada é longa. A transição em culturas organizacionais é um processo gradual, exigindo mudanças estruturais significativas e a abertura de mentes. Como profissional focada em Organização Centrada no Ser Humano, acredito que devemos mergulhar profundamente na cultura organizacional o quanto antes. Avaliar identidade e visão para criar novos rituais, implementar processos e planejar experimentações para maior espaço para as pessoas. Esses são passos essenciais para fomentar ambientes de trabalho que promovam saúde e bem-estar, dentro e fora do trabalho. Na Organização Centrada no Ser Humano, esse caminho para a organização empresarial funciona como mostra a imagem a seguir.

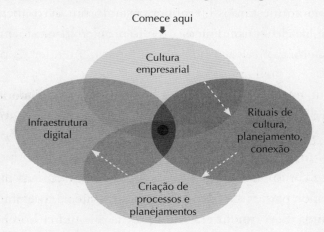

A pandemia colocou em xeque a relação vida-trabalho. Nos Estados Unidos, em 2021, houve um fenômeno chamado de A Grande Renúncia (Great Resignation), em que um grande volume de pessoas deixaram seus empregos por conta de ambientes de trabalho tóxicos, inflexibilidade e insatisfação com a falta de oportunidades. A música "Break my soul", da rainha Beyoncé, foi intitulada hino desse movimento, servindo como um símbolo da mudança social.[61]

> *Now, I just fell in love, and I just quit my job*
> *I'm gonna find new drive, damn, they work me so damn hard*
> *Work by nine, then off past five*
> *And they work my nerves, that's why I cannot sleep at night*[62]

No mesmo período, podemos acompanhar a geração Z criando tendências no mercado de trabalho, como *quiet quitting* (saída silenciosa) e *lazy job* (trabalho preguiçoso). Em um artigo de setembro de 2022,[63] voltado para explicar o fenômeno do *quiet quitting* para executivos preocupados, os professores Anthony C. Klotz e Mark C. Bolino compartilharam que:

> Os *quiet quitters* ainda cumprem suas responsabilidades principais, mas estão menos inclinados a se envolver em atividades além da própria função: acabaram os dias de ficar até tarde, chegar cedo ou participar de reuniões não obrigatórias.

A última versão do *quiet quitting* de que tive notícia até o término da escrita desta edição foi a *Lazy Girls Job*.[64] Os Gen Z, ao contrário de muitos millennials, não sentem o menor incômodo por serem chamados de preguiçosos, porque quem foca no estereótipo está, na verdade, se distanciando da discussão que quer coletar as impressões e perspectivas únicas de uma nova geração e experimentar novos caminhos para mudanças e adaptação ao mercado. O trabalho "preguiçoso" ao qual a Gen Z se refere é o trabalho remoto, bem remunerado, com pouca interação direta e alta flexibilidade. *Lazy Girl Job* enfatiza a preferência por empregos que propiciam significado e tempo para outras atividades da vida. Reflete a rejeição aos valores corporativos tradicionais e o desejo por empregos com menos estresse. A prioridade desses jovens é a saúde mental e um equilíbrio saudável entre trabalho e vida pessoal.

É nessa toada de prioridade que sigo com meus alunos, mentorados e clientes no geral. Arrumando um tijolo por vez, de forma consistente. Procurando fazer uso de recursos de maneira intencional e consciente em busca da harmonia. O processo de ser mais produtivo caminha de mãos dadas com o nosso autoconhecimento e a mudança das culturas organizacionais.

Os resultados no campo pessoal podem apresentar um corpo funcionando melhor, mais tranquilidade para dar conta da vida profissional, mais produtividade e organização, menos barulho vindo do digital, projetos saindo do papel, mais clareza nas suas ideias, mais dindim entrando na conta, melhoria na comunicação, relações mais saudáveis, mais tempo dormindo... São pequenos resultados que nos motivam, e as mudanças vão acontecendo mais e mais.

A dificuldade reside justamente na nossa ansiedade diante de um processo que é contínuo, sem fim. Nossa rotina está sempre mudando, porque o mundo está sempre mudando e de forma cada vez mais acelerada.

A pandemia do covid nos mostrou que as formas tradicionais de trabalho podem não ser mais adequadas para o mundo atual. As organizações perceberam que não precisam necessariamente operar da maneira convencional para serem produtivas. Empregadores e empregados estão cada vez mais conscientes da importância do equilíbrio entre trabalho e vida pessoal para a saúde mental e a produtividade.

O caminho para criarmos boas culturas está aberto, e o trabalho pede por mudanças concretas. Sem fórmula mágica, mas buscando a mágica e a transformação que só a organização possibilita.

Capítulo 9

Adaptando a rota

> Por gerações, organizamos nossas vidas em torno
> do trabalho. Nossos trabalhos determinam onde
> construímos nossas casas, quando vemos nossas
> famílias e o que podemos reduzir do nosso tempo
> livre. E se invertêssemos isso e começássemos a
> planejar nosso trabalho em torno de nossas vidas?
>
> ADAM GRANT

Durante a pandemia, sofri com os barulhos de uma obra que começou bem antes da quarentena. Todos os dias, bem ao lado da minha casa, máquinas de construção começavam a fazer barulho às 8h da matina, religiosamente. Mesmo com o coronavírus matando milhares de pessoas, a obra continuava – intensa, firme, forte. Era um cenário bem diferente de quando eu morava na Califórnia, vivendo num campus universitário com verde por todos os lados e canto de passarinhos. De repente, a rotina que eu tinha não funcionava mais, porque estava sendo perturbada pelo ruído incessante e o constante pensamento sobre as pessoas que seguiam trabalhando naquela obra, em meio à pandemia.

Com frequência, períodos malucos da história ou de nossas vidas nos fazem repensar nosso uso de tempo e recursos. Tempos complexos e incertos nos colocam para refletir sobre o essencial, o que agrega valor à vida, para onde o tempo está indo.

Minha intenção com este livro foi refletir sobre como nos organizamos e nos planejamos diante das mudanças da vida, do inesperado. Ao compreendermos que somos natureza e que a natureza se adapta, conseguiremos navegar pelas mudanças se cultivarmos uma mentalidade mais flexível e organizada.

Nós, seres humanos, não somos chegados a incertezas – nossos ancestrais lá das cavernas também não eram. Mas, como todos os que passaram por esse mundo antes, nós aprendemos a ser adaptáveis! Temos senso de flexibilidade, o que nos possibilita passar por muitas transformações.

Diante de um desafio, a nossa mente tende a ficar flutuando entre o passado e o futuro. A mente vai e volta com pensamentos do tipo "Eu poderia ter feito isso", ou "Deveria estar fazendo aquilo outro", ou ainda "Fulano deveria estar fazendo tal coisa" e "Sicrano não faz a menor ideia do que tá fazendo".

Podemos ficar obcecados com os riscos e queremos ter algum tipo de controle sobre o que acontece, seja lendo notícias, atacando a geladeira ou julgando os comportamentos das outras pessoas. Porém, como vimos na pandemia, nossas prioridades são nossas necessidades fisiológicas, nossa segurança e nossos relacionamentos. Em outras palavras, as adversidades nos relembram das primeiras regras do manual de sobrevivência do ser humano:

1. É preciso dormir.
2. É preciso comer.
3. É preciso beber água.
4. É preciso estar com os outros.
5. É preciso respirar.
6. É preciso um teto para morar.

7. É preciso acesso à saúde.

8. É preciso acesso à educação.

9. É preciso descansar.

O problema é que, além disso, tem louça na pia, criança chorando, afazeres do trabalho, os boletos, as dores. Assim, ficamos com dificuldade de manter a calma e o foco, o que, por consequência, afeta nossa performance. Percebo, mais do que nunca, que a flexibilidade e a compaixão são fundamentos da produtividade. Ser produtivo tem menos a ver com o que estamos fazendo e mais com o nível de atenção e energia que dedicamos (e que nos é permitido no ambiente de trabalho) às nossas tarefas.

A combinação de um sistema de organização com um pensamento diferente sobre tempo e produtividade e o uso de tecnologia com propósito foi o meu campo de vivência, pesquisa e aprendizado da última década. Tomei altas doses de dopamina em rede social, em busca da felicidade, mas sem tempo para aproveitá-la. Dei a largada em várias corridas, sem tempo para curtir o caminho. Tive conexões em todo canto, sem conexão comigo mesma. Mas foi dentro da internet que refleti sobre ela, e hoje tenho mais segurança em falar para você que sanidade e foco têm conexão com o essencial – que, acredite, está fora da tela.

Nós, seres humanos, temos a capacidade de antecipar a satisfação. Isso é fundamental para a nossa sobrevivência, como a busca por comida ou por sexo. Essa capacidade também causa desejo e, em casos mais extremos, vícios. Vou usar aqui o celular como exemplo. Se o seu cérebro aprende que olhar o celular geralmente resulta em uma recompensa, não demorará muito para que ele libere dopamina a qualquer momento em que você for lembrado do seu telefone. Você vai começar a desejar o uso do aparelho, nem que seja para fazer uma série de vários nadas. Basta uma pessoa pegar o telefone ao seu lado... não dá vontade de pegar o seu também?

Quando um comportamento traz alegria, seu cérebro vai querer repeti-lo. Por conta disso, você vai querer refazer a prática para conquistar o mesmo efeito. É assim que um hábito é criado, somando gatilho (uma notificação), rotina (que pode ser um pequeno comportamento como pegar o celular) e uma recompensa (o cérebro aliviado ou feliz). Acontece que a dopamina funciona assim: para alcançar os mesmos níveis de satisfação, a quantidade terá que ser cada vez maior. Não à toa, as pessoas tocam, em média, 2.617 vezes por dia no celular.[65]

Você já foi a um cassino? Sabe aquelas máquinas caça-níqueis, em que o objetivo é conseguir várias figuras iguais? Então, quando alguém joga em uma máquina dessas, experimenta uma série de tentativas frustradas. Mas, se aparecerem três abacaxis no visor e a pessoa ganhar, o cérebro comemorará com uma dose gostosinha de dopamina. Aí a pessoa vai desejar mais e continuará apertando os botões ou puxando alavancas para tentar recriar a sensação. É a mesma coisa.

O psicólogo Larry Rose afirma que o telefone pode provocar ansiedade de modo deliberado quando proporciona novas informações e gatilhos emocionais toda vez que pegamos o aparelho. Isso nos faz desenvolver o medo de que, se o largarmos, por um minuto que seja, perderemos algo. O termo para essa ansiedade já é até conhecido, o famoso FOMO (*Fear of Missing Out* em inglês), ou medo de ficar por fora.[66]

Para muitos, a única forma de se proteger dessa ansiedade é olhar o celular ou ficar na frente do computador toda hora para ter certeza de que nada será perdido. No entanto, isso não alivia a ansiedade; só faz com que ela cresça. Esse tipo de prática, na verdade, faz com que o corpo trabalhe e libere uma porrada de cortisol, o hormônio do estresse que aparece em situações de luta ou fuga. É preciso ter uma dose extra de atenção a isso.

Em seu livro *Resista, não faça nada*, a artista, educadora e escritora Jenny Odell propõe que, numa economia da atenção, em que vivemos com FOMO, temos que exercitar o NOMO, a necessidade de ficar de fora (*Need of Missing Out* em inglês).[67] Basicamente, ela nos convida a deixar algumas coisas de fora para dar atenção ao que mais importa – que é exatamente o modelo de produtividade que estamos trabalhando aqui.

> Nossa própria ideia de produtividade tem como premissa a ideia de produzir algo novo, ao passo que não tendemos a ver a manutenção e o cuidado como produtivos da mesma forma.
>
> Jenny Odell

Por isso, para manter a sanidade mental e preservar o foco para tarefas mais complexas (mesmo em períodos curtos, vale dizer), o trabalho a ser feito é em cima das distrações digitais. De acordo com o *Dicionário de Psicologia* da Associação Americana de Psicologia, distração é: 1) o processo de interrupção da atenção; 2) estímulo ou tarefa que rouba a atenção de uma tarefa ou interesse primário.[68] Isso significa que distração é tudo aquilo que nos tira do ponto de foco inicial, que pode ser uma tarefa de trabalho, de estudo ou o tempo com outras pessoas.

Em se tratando de distrações digitais, significa interrupção da atenção por meio de um estímulo digital. E, olha: temos tantas, nossa! Silenciosas e não silenciosas. É um tal de ouvir o celular vibrando do nada, sentir a mão coçando para saber se o post flopou, ficar ansioso para saber quem se lembrou desse ser do outro lado da tela e por quê, mensagens do chefe fora do trabalho e por aí vai.

E, por falar em disponibilidade, vale o destaque: estar on-line não significa estar disponível. A internet transformou a maneira como nos comunicamos, trabalhamos e nos relacionamos. Estamos imediatistas e multicanais. Contudo, é humanamente impossível estar no mesmo ritmo da internet, respondendo a tudo depressa, em vários canais diferentes ao mesmo tempo. Não é porque você está on-line que precisa seguir o ritmo louco da internet.

O direito à desconexão tem, inclusive, entrado em pautas legislativas, pois visa assegurar ao trabalhador o direito ao repouso e ao lazer, bem como garantir sua saúde física e mental, vida social, de família e vida privada.[69] A França foi um dos primeiros países a incluir legislativamente o direito à desconexão, em 2017.[70] Em Portugal, rolou uma mudança na lei, em 2022, que deu uma mexida no jeito como o teletrabalho é visto por lá. No código trabalhista se fala sobre o "dever de abstenção de contacto".[71] Tipo, o chefe tem que deixar o colaborador em paz no seu descanso, a não ser que aconteça algo muito sério.

Muito se vende por aí sobre os segredos da produtividade na vida e no trabalho. Eu me arrisco a compartilhar o que funciona para mim e o que vejo funcionar para quem está comigo em organização: ninguém dá conta de tudo. Cortar e reduzir as atividades é o que nos ajuda a ser mais produtivos. Precisamos recuperar o tempo!

Este é um bom momento para voltarmos à concepção de Byung-Chul Han sobre a sociedade do desempenho. Ela é um bom ponto de partida para analisarmos o fenômeno da produtividade tóxica. Han observa uma sociedade obcecada com o desempenho e a eficiência, em que a produtividade é frequentemente colocada no pódio com medalha de virtude suprema. Na cultura da aceleração há a ideia de que ser constantemente produtivo é sinônimo de sucesso e realização pessoal. Mas você já sacou a ironia nessa abordagem, né?

A busca incansável por eficiência esconde uma verdade pesada: está todo mundo trabalhando como louco para ser cada vez melhor e mais produtivo, o que afeta não só o trabalho, mas a vida pessoal e social também. E aí produtividade vira uma pressão que não acaba nunca, levando todos ao esgotamento e à insatisfação. Se estamos sempre preocupados em produzir mais e mais, no final das contas estamos vivendo para trabalhar, e não o contrário. Caímos, então, na armadilha de achar que nunca somos produtivos o suficiente, e isso pode levar à exaustão e à insatisfação crônica.

É nessa que o burnout aparece, como consequência direta dessa cultura de superprodução. É como se a gente estivesse esgotado, física e mentalmente, perdendo o interesse e a capacidade de desempenhar as coisas. Isso não é só um problema individual; é sintoma de uma sociedade que valoriza o excesso de trabalho e a eficiência acima do bem-estar humano.

Então, precisamos reavaliar essa ideia de sociedade do desempenho, como o Han sugere. Buscar um equilíbrio mais saudável entre trabalho e vida pessoal, valorizando as pessoas além da capacidade produtiva delas. E aí quem sabe a gente consiga construir uma sociedade que valorize não só o que as pessoas fazem, mas também quem elas são.

Os custos humanos do burnout são imensos. Ele afeta não apenas a saúde mental dos indivíduos, mas também suas relações pessoais, qualidade de vida e capacidade de contribuir positivamente para a sociedade. Pensar sobre esses custos humanos é essencial para entender a necessidade de mudanças nas práticas de trabalho e expectativas sociais. Reconhecer e abordar o impacto negativo dessa dinâmica é um passo crucial para promover um ambiente de trabalho mais saudável e uma sociedade mais equilibrada, com espaço para a vida.

Um dos princípios do essencialismo é abrir espaço. Temos muitas distrações e, quando elas viram hábito, é muito mais difícil manter o foco para atividades de criação, relacionamento e conexão. Quantas e quantas vezes você foi interrompido para checar uma notificação no celular? Quantas e quantas vezes o digital ocupou o espaço de algo que você considera prioridade? E quantas vezes isso estava intimamente ligado ao seu trabalho?

Uma pesquisa da Microsoft mostrou um aumento de 148% nas reuniões on-line semanais entre 2020 e 2021. Nesse período, metade das pessoas respondia às mensagens de chat em menos de cinco minutos, sugerindo uma sensação de urgência. A retomada do trabalho presencial parece ter pouco efeito na mudança desse panorama, pois, com o aumento do trabalho híbrido, o ambiente digital tornou-se padrão em muitas empresas.[72]

O livro *Indistraível*, de Nir Eyal, fala que a habilidade do futuro é não ser "distraível".[73] Nesse livro, o autor explica que o oposto de distração é a tração, qualquer ação que nos move em direção ao que realmente queremos. Tração é ação realizada com intenção. Eyal fala que qualquer coisa que a gente faça – seja dormir bem, fazer uma atividade física, meditar, focar em um projeto ou ficar com quem gostamos – se for intencional, é tração. Para ele, tração é fazer o que você se propõe a fazer. É movimento.

Concluímos algo quando depositamos intenção, dedicamos atenção e movimentamos com ação. Nem todo ambiente de trabalho está preparado para viver uma cultura de intenção, atenção e ação, porque está todo mundo acelerado, muitas vezes correndo atrás do próprio rabo.

Indistraível não foi o primeiro livro em que me deparei com os conceitos de gatilho, aliás. O primeiro tipo de gatilho é o externo, que pode ser um alarme de celular, notificação de e-mail ou da Alexa. Nossa atenção também pode ser demandada por outras pessoas, como o filho em casa, alguém chamando no portão ou mensagens no Teams ou WhatsApp que não param de chegar. Por isso, é importante focarmos em sistemas organizados. Se cada coisa fora do lugar nos lembra de uma dívida a cumprir, qualquer coisa pode servir como o gatilho que nos levará à distração.

Mas e se as distrações vierem de dentro? Aquela vontade de tirar uma soneca, a barriga roncando de fome, a ansiedade no peito, o desejo de ver ou falar com alguém? Esses são os gatilhos internos, e eles demonstram o que estamos buscando. Preste atenção: desejos todos nós temos. São os comportamentos que mudam de uma pessoa para outra. Pergunte-se: o que leva você a comprar, comer, falar, gritar, criar, enfim... a fazer alguma coisa? Para onde seus avisos internos levam você? Como eles estão relacionados com a atividade que está realizando? Tem algo a ver com o trabalho?

152   Desacelera – Organizando a vida com humanidade e leveza

Em tempos difíceis, estímulos externos podem levar a gatilhos internos. O barulho da ambulância passando na rua pode ser o suficiente para alguém ficar ansioso, ou, ainda, o simples ato de ver alguém saindo de casa pode trazer uma crise emocional.

Da mesma forma que gatilhos internos e externos podem levar você ao movimento, eles podem levá-lo à distração. E essa distração pode levar você a lugares onde não sê vê nenhuma luz, só sombra...

Para manter o foco e a sanidade mental, acredito que um bom caminho seja envolver-se com intenção e atenção em atividades pequenas e cotidianas que levam ao movimento para áreas e recursos essenciais. Se, para algumas pessoas, essa é uma perspectiva de escolha, para outras o acesso a essa decisão ainda é bem distante; por isso mesmo, o foco deve ser pensado em níveis individuais e também coletivos.

O foco coletivo acontece por meio de exemplos da gestão e até mesmo de legislações que possibilitem o melhor uso do tempo e da atenção. A comunicação bem cuidada e direcionada, com documentação e orientação para processos, é fundamental, assim como a adoção da comunicação assíncrona, facilitando os tempos e espaços diferentes das pessoas. Além disso, respeitar períodos sem distração é um caminho de realização. Possibilitar tempo às pessoas para que possam fazer o trabalho, descansar e vivenciar questões pessoais com respeito é um caminho de desenvolvimento de foco coletivo.

É preciso virar a chave para humanização e saúde para pensar em novas rotas organizadas nesse mundo distraído (e doente), em que o desafio é lidar com escolhas, nossas e do sistema, para fazer bom uso do tempo, enquanto o caos acontece e não poupa ninguém.

Um modelo mental para a organização

Estudos mostram que investir na saúde é lucrativo. Uma empresa, por exemplo, perde dinheiro toda vez que alguém fica afastado por burnout. Um colaborador sem disposição para trabalhar significa dias não produtivos remunerados. Além disso, garantir o bem-estar impacta o retorno sobre os investimentos (ROI) em 3,69 vezes, podendo chegar a 6,9 vezes em cargos de gestão.[74] Agora, pense comigo: o Brasil é o país com maior número de pessoas ansiosas, com cerca de 9,3% da população sofrendo de ansiedade, de acordo com a OMS. Sem contar que 86% dos brasileiros sofrem de algum transtorno mental.[75] Imagina o quanto de riqueza não estamos deixando de produzir por conta de saúde mental!

Por isso, é preciso desrobotizar o trabalho e humanizar os processos – o que exige uma mentalidade organizada. Mas como?

Modelo mental, ou mindset, é a percepção da realidade que nós temos sobre nós mesmos. É uma forma de organizar-se mentalmente que desenha a linha de raciocínio que direciona nossas vidas e ações. Essa definição é da pesquisadora Carol Dweck, que investiga como nossa mente se organiza e como essa organização modula nosso eu e nossos comportamentos.[76] Ela também é uma referência nos estudos do papel da motivação, da autorregulação e seu impacto nas realizações e processos interpessoais.

De acordo com Dweck, nosso modelo mental é orquestrado por crenças pessoais que nos levam a desenvolver atitudes e a tomar decisões específicas. Por exemplo, se você acredita que conhecimento é adquirido e imutável, possivelmente terá dificuldade com coisas novas e em mudar sua visão de mundo. Por outro lado, se for mais aberto a mudanças e transformações, conseguirá se adaptar a diferentes situações.

Na mesma linha, Shirzad Chamine, autor do livro *Inteligência positiva*, afirma que a mente humana é a nossa melhor aliada e, paradoxalmente, a pior inimiga.[77] De acordo com ele, nossas crenças também são divididas em dois grandes grupos: crenças limitantes e crenças sábias. As limitantes são classificadas como sabotadores internos, por exemplo, perfeccionismo e esquiva, e estão sempre ativas. No entanto, é possível identificá-las e, assim, enfraquecê-las, melhorando significativamente a ação do cérebro a favor do indivíduo. A questão, aponta Shirzad, não é reconhecê-las, mas entender de que modo se manifestam e com que intensidade.

O processo de organização é constituído de subjetividades, as quais envolvem as crenças e o desenvolvimento de habilidades; portanto, é desenvolvido também um modelo mental que direciona essas ações. Afinal, organização é processo, caminho, capacidade de realização dos propósitos individuais e coletivos. Desenvolver um modelo mental para a organização contribui para o enfraquecimento e consequente bloqueio das ações de crenças limitantes, pois a pessoa tem mais confiança e conhecimento sobre seus melhores processos de organização, assim como as organizações têm mais suporte para desenvolver uma cultura de confiança, colaboração e sustentabilidade humanizada.

A Organização Centrada no Ser Humano se alinha a esse processo intencional de desenvolvimento de habilidades e competências para lidar com as imprevisibilidades. Por isso, falamos em mindset de organização: um modelo mental para organizar os propósitos e objetivos das pessoas, na vida e no trabalho, que garanta adaptabilidade às mudanças da vida contemporânea. Ele promove o equilíbrio entre a vida tranquila e a produtividade exigida pelo imprevisível mundo acelerado.

O mindset de organização ajuda a arrumar os armários, fazer listas e jogar tralhas fora, mas vai muito além da instrumentalização. Propicia também o planejamento e a execução de objetivos que guiam a vida das pessoas para que possam construir seu mundo ideal. É o caminho, a capacidade de realização a partir da gestão de recursos. É um mindset sistêmico, produtivo, flexível e gestor que pavimenta a estrada para transformações.

Mindset de organização

Conceito

Modelo mental direcionado a organizar os propósitos e objetivos, de forma a ter adaptabilidade às mudanças da vida contemporânea.

Características

Sistêmico	Produtivo	Flexível	Gestor
Organiza todo o ecossistema que envolve o objetivo: do macro ao micro	Conhece, seleciona e sabe utilizar os recursos para abrir espaço para o que importa	Tem adaptabilidade para os imprevistos que impactam no processo de organização	Gerencia tanto os recursos quanto seu próprio processo de organização

Habilidades

Planejamento

Análise

Estruturação

Organização

Promove

Equilíbrio

Tranquilidade

Realização

Disciplina criativa

Com isso, é possível partir do macro – o propósito – e ir para o micro, gerindo os recursos disponíveis a fim de otimizá-los e trazer melhores resultados, além de providenciar maior adaptabilidade aos imprevistos. Do mesmo modo, promove-se autonomia, pois permite-se o autoconhecimento sobre os próprios processos de organização. No fim, retoma-se o cuidado sobre projetos e jornadas.

Entenda que todo processo de organização caminha ao lado do caos, e o caos representa as mudanças repentinas, a instabilidade dos planos. Faz parte da vida. O que o mindset permite é o enfrentamento das transformações abruptas, pois gera a disciplina necessária para ter segurança e liberdade para organizar as bagunças impulsionadas pelo inesperado sem perder de vista seu objetivo, aquilo que é essencial.

> A única certeza do planejamento é que as coisas nunca ocorrem como foram planejadas.
>
> Lúcio Costa

Compreender um processo em sua totalidade é crucial. Isso implica entender cada etapa, desde a concepção até a execução, e reconhecer a interdependência entre elas. A pergunta "o processo sabe que estamos confiando nele?" nem é meme; serve como um lembrete para não subestimar a importância de cada passo.

Alinhar os processos com a essência do trabalho em Organização Centrada no Ser Humano exige constante avaliação e ajuste. Isso significa revisar periodicamente se os processos estão alinhados com os valores e objetivos da pessoa/organização. A adaptabilidade é, então, uma habilidade-chave. Projetos evoluem com a ação, e é essencial estar aberto a ajustes conforme novos aprendizados e resultados surgem.

No fundo, trata-se de uma disciplina criativa, de um processo organizacional apoiado na flexibilidade, na capacidade de desconstruir quando preciso ou desejado. É uma estrutura que permite fazer o diferente, mas sem perder o norte.

Redução da carga de trabalho

No mundo pós-pandêmico, a maneira de trabalhar continuou mudando. Muitos passaram a trabalhar de forma híbrida ou abdicaram do presencial. De todo modo, por todo lado vemos trabalhadores exaustos, passando dos limites de sua capacidade produtiva, tendo que lidar com uma comunicação desorganizada e atividades não planejadas. A maioria não tem ferramentas on-line adequadas ou diretrizes que foquem em manter seu bem-estar. Bagunça cansa!

O 20º relatório anual do Workmonitor, da Randstad, revelou que 34% dos empregados entrevistados deixariam o emprego em decorrência de um ambiente de trabalho tóxico, e quase a metade (48%) se demitiriam se um trabalho os impedisse de aproveitar a vida.[78] Não adianta pedir ao RH para realizar treinamentos de gestão do tempo e não redesenhar cultura, rituais, processos, planejamentos e infraestrutura organizacional.

São muitos pontos de estrutura que estão sendo mexidos no mundo do trabalho e, para que criemos ambientes mais harmônicos, penso que é preciso:

- **Maior flexibilidade de localização e horário:** permitir que os colaboradores tenham opções de maior flexibilidade em seus espaços de realização e tempo, podendo melhorar o equilíbrio entre vida pessoal e profissional, reduzindo o estresse e aumentando a satisfação no trabalho.

- **Reduzir procedimentos burocráticos desnecessários:** seguir reduzindo e avaliando a duração e processos para reuniões, melhorando as escalas de pessoal, entendendo modelos de suporte na ausência de colaboradores, abrindo espaço de conversas, proporcionando aos colaboradores maior sensação de segurança psicológica.

- **Investir em infraestrutura organizacional:** modelar sistemas para melhor gestão de processos, planejamentos e pessoas para seguir dando espaço para o trabalho inteligente, com comunicação efetiva e assíncrona, respeitando pessoas em diferentes tempos de foco.

- **Programas de bem-estar:** investir em subsídios para atividades físicas, intervalos regulares para descanso mental e promoção de alimentação saudável, fomentando práticas que ajudam a cuidar da saúde física e mental dos colaboradores.

- **Apoio à saúde mental:** oferecer serviços de aconselhamento, workshops sobre saúde mental e uma cultura de abertura, letramento para autoconhecimento e apoio em relação às questões de saúde mental, criando um ambiente mais saudável e acolhedor.

- **Formação e desenvolvimento**: investir na aprendizagem e desenvolvimento dos colaboradores.
- **Reconhecimento e recompensas**: reconhecer e recompensar os colaboradores por seu trabalho, elevando o moral e promovendo uma cultura de apreciação.
- **Espaços de trabalho inclusivos e diversos**: cultivar um ambiente de trabalho onde todos se sintam valorizados e aceitos, melhorando o bem-estar geral e a satisfação no trabalho.

É preciso desenvolver todo um sistema que proporcione conforto e contentamento no ambiente de trabalho. Palestras e acesso ao Gympass valem para motivar a equipe, é verdade. Mas o que realmente aumenta a produtividade são as práticas de trabalho que encorajam saúde, segurança e bem-estar.

Jeffrey Pfeffer, da Universidade Stanford, participou de um estudo que olhou como o estresse no trabalho pode levar a doenças e até à morte. Foram encontradas dez fontes comuns de estresse no trabalho, como trabalho em turnos, longas horas, insegurança no trabalho, conflito entre trabalho e vida pessoal, pouco controle no trabalho, muitas demandas de trabalho e falta de apoio. Ao estudarem o impacto desses fatores nos Estados Unidos, descobriram que cerca de 120 mil mortes por ano podem ser causadas por esses problemas no trabalho.[79]

> Não se trata de medir quantos trabalhadores estão (ou quase estão) esgotados. Trata-se de identificar locais com cargas de trabalho incontroláveis e usar essas informações para dar aos funcionários mais controle, ferramentas melhores e a discrição para descobrir como fazer seu trabalho melhor – sem se esgotar.
>
> Christina Maslach

Pode parecer impossível e impraticável para alguns, mas esse é o futuro. Não só há empresas e um monte de ferramentas no mercado para auxiliar as empresas e instituições a entrarem num novo modelo de trabalho, como há países que já experimentaram a diminuição da jornada de trabalho, como Espanha,[80] Escócia, Islândia, Bélgica e Emirados Árabes Unidos – com excelentes resultados.

Segundo pesquisa realizada pela 4 Day Week Global, 4 Day Week Campaign e Autonomy no Reino Unido,[81] com 2.900 colaboradores em 61 empresas, 89% das empresas continuaram com a semana de quatro dias após a implementação. E mais:

- 71% tiveram níveis de esgotamento reduzidos ao final do estudo.
- 39% se sentiram menos estressados.
- 43% relataram melhora na saúde mental.
- 54% experimentaram redução de emoções negativas.
- 37% notaram melhorias na saúde física.
- 46% observaram redução do cansaço.
- 40% tiveram menos dificuldades para dormir.
- 73% estavam mais satisfeitos com seu tempo.
- 60% acharam mais fácil equilibrar trabalho e cuidados.
- 62% relataram um equilíbrio mais fácil entre trabalho e vida social.
- O tempo gasto por homens com cuidados infantis mais que dobrou em comparação com as mulheres (27% vs. 13%).

"Para melhorar a produtividade das pessoas, é fundamental entender o que as motiva. As atuais estruturas de trabalho usam o tempo como métrica arbitrária da produtividade, apesar de haver poucas provas de que isso melhore o rendimento empresarial", diz Dale Whelehan, CEO na 4 Day Week Global e PhD em Ciência Comportamental.[82] Depois da Grande Renúncia, já citada aqui, e também do movimento Anti-Work (contra trabalho), que surgiu após a pandemia, as reflexões sobre a quantidade de horas de trabalho às quais nos dedicamos, ambientes tóxicos, sobrecarga e qualidade de vida ficaram em destaque, e a semana de quatro dias é uma resposta.

Investir em uma semana de quatro dias é uma estratégia de melhoria de negócios centrada em trabalhar de forma mais inteligente, em vez de trabalhar mais. Isso inclui uma mudança de medição baseada em horas trabalhadas para a medição baseada em resultados, o que significa muito mais que uma simples alteração no cronograma.

A semana reduzida pode melhorar a produtividade, a satisfação no trabalho e a lealdade à marca. Permite também a criação de uma força de trabalho mais energizada, eficiente, capacitada e motivada. Além disso, pode dar à empresa uma vantagem competitiva na atração de talentos e aumentar a sustentabilidade, reduzindo a pegada de carbono. A igualdade de gênero também é promovida, permitindo uma melhor distribuição das responsabilidades de cuidado.

Esse modelo, já adotado por algumas empresas brasileiras e promovido pela 4 Day Week Global, propõe uma solução que beneficia tanto empregadores quanto empregados. O conceito é o seguinte: os colaboradores trabalham 80% do tempo, mas recebem 100% do salário, desde que entreguem 100% da produtividade. O princípio 100-80-100 é um novo paradigma de trabalho que prioriza a eficiência e a produtividade sobre a quantidade de horas trabalhadas.[*]

É importante ressaltar que os clientes precisam ter suas necessidades atendidas, e os colaboradores, tempo livre para outras questões da vida. Não necessariamente uma empresa que opta pela redução terá um final de semana de três dias; pode acontecer de a folga vir em uma quarta-feira à tarde ou, ainda, os dias de segunda a sexta serem mais curtos. Cada empresa encontra seu desenho da semana ideal a partir das experiências nos pilotos.

Essa transição para uma mentalidade orientada a resultados requer uma revisão abrangente dos processos organizacionais e dos

---

[*] https://www.4dayweek.com/

sistemas utilizados. Isso dá um trabalho danado! Ferramentas como Office 365, Google Workspace ou Notion, assim como softwares de gerenciamento de projetos e processos, desempenham um papel vital nesse processo. Organizar e otimizar o uso dessas ferramentas não é uma tarefa trivial. Se fosse fácil, todas as empresas teriam sistemas perfeitamente organizados. No entanto, a realidade mostra que muitas organizações ainda enfrentam lacunas significativas em sua infraestrutura e sistemas organizacionais.

A adoção da semana de quatro dias impulsiona as empresas a examinar essas lacunas mais de perto. Exige uma análise profunda da cultura organizacional e a disposição para repensar estratégias e realizar melhorias. Isso pode incluir a experimentação com novas ferramentas e uma maior automação dos processos. A automação, em particular, pode economizar uma quantidade significativa de tempo, contribuindo para a eficiência necessária a fim de tornar a semana de trabalho mais curta viável e produtiva.[83]

Essencialmente, a transição para uma semana de quatro dias não é apenas uma mudança no horário de trabalho; é uma evolução na maneira como as organizações funcionam e valorizam o tempo e o esforço de seus colaboradores.

Líderes e departamentos de RH estão sempre em busca de formas de aumentar a produtividade por meio de diversas técnicas. E tome treinamento de Getting Things Done, Eisenhower, Scrum e Inbox Zero! No entanto, esses métodos podem não levar em consideração as complexas relações interdependentes em nossas organizações e, às vezes, não são rápidos o suficiente para lidar com a enxurrada de comunicações que enfrentamos todos os dias. Para realmente fazer uma grande diferença na produtividade, vale seguir o conselho do estatístico e consultor de gestão W. Edwards Deming, que argumenta, em seu livro *Saia da crise*, que precisamos de mudanças que afetem o sistema como um todo, e não apenas mudanças individuais. Segundo ele, 94% dos problemas e possibilidades de melhoria pertencem a sistemas, não a indivíduos.[84]

> Eu espero que, daqui a muitos anos, sentados ao redor de uma fogueira de verdade, meus netos e seus amigos contem uns aos outros histórias sobre como deveria ser nos tempos antigos, quando todo mundo tinha que ir ao mesmo escritório, na mesma cidade, cinco dias por semana, e uma cultura de trabalho sem medo, diversa e inclusiva era pregada e praticada somente por alguns poucos líderes.
>
> Andreas Czermak

Desde 2019 sigo um fluxo de trabalho de quatro dias.[85] Trabalho cerca de 30 a 32 horas semanais. Meus dias de trabalho são, por vezes, longos e cansativos, mas de sexta a domingo eu tento preservar meu descanso. O fluxo de ficar off-line e ter menos dias de trabalho me ensinou que posso trabalhar menos e de maneira inteligente. Trabalhar menos me deu um incentivo para lidar com a procrastinação, que tem muito fundo emocional conectado ao perfeccionismo, vida de workaholic, vício em produtividade. Os anos de experiência com a semana de quatro dias de trabalho me fizeram uma profissional mais consciente.

Foi em 2018 que ouvi falar sobre a semana de quatro dias de trabalho pela primeira vez. A empresa Perpetual Guardian lançou um teste de seis semanas para sua equipe em março de 2018, cuja proposta era: a equipe trabalharia por quatro dias na semana, mas seria paga por cinco dias. Como o teste foi bem-sucedido, a empresa implementou a política permanentemente na empresa. O fundador Andrew Barnes afirma que o objetivo por trás da semana de quatro dias é aumentar a produtividade e mudar o modo tradicional.

Nesse mesmo ano, conheci o trabalho do autor Alex Soojung-Kim Pang, fundador da empresa Strategy and Rest, uma consultoria dedicada a ajudar empresas a aproveitar o poder do descanso para encurtar os dias de trabalho, mantendo o foco e a produtividade. O livro dele[86] me acertou em cheio bem nessa época, em um momento em que tinha decidido pegar mais leve no trabalho e aprender a descansar, logo depois da carta insone de 2017 que abre este livro.

Depois de um tempo colocando em prática o que havia aprendido com o livro, decidi trabalhar quatro dias na semana. Como minha empresa é enxuta e realizo muitos projetos de maneira autônoma, tive liberdade para estudar e experimentar até entender como poderia fazer funcionar considerando os meus clientes, os padrões de entrega e, claro, a produtividade.

Entrei em contato com o Alex para agradecê-lo e contar-lhe sobre a experiência com a semana de quatro dias. Nessa época eu estava morando no Vale do Silício e pude me encontrar com ele para um almoço em Palo Alto. Nesse dia conversamos sobre a nova pesquisa que ele estava fazendo sobre semanas reduzidas de trabalho e pude também compartilhar as minhas experiências. Meses depois, pouco antes da pandemia, tive a oportunidade de ler a edição de seu novo livro antes de ser publicada.[87]

No lançamento do livro, lá no Vale, me lembro de perguntar ao Alex: "Como isso poderia funcionar em países como o Brasil? Quais modelos existem hoje na América do Sul?" Considero que ingressei no movimento para a redução das horas de trabalho nesse dia, com esse questionamento. Pang atuou como diretor de pesquisa e inovação na 4 Day Week Global e foi um verdadeiro mentor na minha carreira.

Em 2022, comecei a fazer parte da equipe da 4 Day Week Global, primeiro como gestora de projetos e depois como líder da comunidade global. Sempre acreditei em uma atuação profissional que foca em imaginar coisas grandes e agir no presente. É assim que penso a Organização Centrada no Ser Humano: agindo no corpo, nas relações, no trabalho, na cultura, na comunidade e na política. Meu trabalho, hoje, me permite essa atuação, pois é pela comunidade que podemos construir mudanças sistêmicas.

Trabalho remoto, flexibilidade e agendas mais curtas viraram modelo de retenção de colaboradores. É como falamos na 4 Day Week

Global: onde sua empresa estará daqui a alguns anos, quando essa realidade já for mais comum? O risco que as organizações correm ao não adotar uma cultura flexível é ficar para trás. Porque não tem jeito: o futuro é o que estamos vendo acontecer agora.

Isso não significa apenas dar mais um dia livre aos colaboradores, mas construir uma cultura mais humanizada e pautada na comunicação assíncrona, que não exige respostas imediatas a toda solicitação de demanda. Trata-se de acabar com uma exigência de disponibilidade, como quando você está no Slack e alguém manda um "Tá aí?", e então você tem de responder um "Oi" só para a pessoa dizer o que precisa. Quem tem tempo para isso? Pelo amor da deusa, desenvolva, fale o próximo passo, por favor! Respeite o tempo alheio! Enfim, numa cultura flexível, há o entendimento de que as pessoas estão trabalhando em tempos e espaços diferentes.

Na 4 Day Week Global, orientamos as equipes a passarem por quatro níveis de adaptação no trabalho, garantindo que mesmo aqueles times que precisam estar conectados todos os dias possam se beneficiar da semana de trabalho de quatro dias. Esses níveis de adaptação são os seguintes:

- **Redesenho da semana:** trabalhamos com as equipes para redesenhar a estrutura da semana, permitindo a transição de cinco para quatro dias de trabalho sem aumentar a carga horária diária. Com isso, um dia ou período de folga é oferecido como benefício adicional, garantindo que os colaboradores possam descansar e recarregar as energias.
- **Redesenho da comunicação:** orientamos as equipes quanto à forma como se comunicam, reorganizando reuniões, ajustando horários e formatos de atendimento internos e externos. Esse redesenho da comunicação é fundamental para garantir que a colaboração e a conectividade sejam mantidas, mesmo com uma jornada de trabalho reduzida.

- **Redesenho da tecnologia:** auxiliamos as equipes a aproveitar ao máximo a tecnologia disponível, projetando sistemas que otimizam o tempo e reduzem a fricção e o retrabalho. Isso envolve identificar ferramentas eficientes para a comunicação, compartilhamento de documentos e acompanhamento de projetos, garantindo que as equipes possam trabalhar de forma eficaz e produtiva.
- **Redesenho dos processos:** trabalhamos em conjunto com as equipes para repensar os modelos de trabalho existentes. Isso envolve despriorizar tarefas que não agregam valor e construir novos caminhos para o trabalho em equipe. Por meio desse redesenho dos processos, as equipes podem otimizar a produtividade e eficiência, concentrando-se nas atividades mais importantes e impactantes.

As adaptações necessárias são realizadas em um esforço colaborativo, envolvendo tanto a gerência quanto a equipe. Juntos, trabalham para identificar as melhores estratégias que otimizam o tempo e a atenção, permitindo que as equipes aproveitem ao máximo a semana de trabalho de quatro dias.

Muitas empresas já poderiam ter adotado uma jornada reduzida, mas continuam enfrentando o desafio de estar sobrecarregadas por reuniões intermináveis e distrações. Uma pesquisa realizada no Laboratório de Fatores Humanos da Microsoft mostrou o que acontece no cérebro de participantes que fazem ou não pausas entre reuniões. Realizou-se uma eletroencefalografia para medir a atividade das ondas beta, que estão conectadas ao estresse.

Para aqueles que faziam intervalos, a atividade média de ondas beta permaneceu constante por boa parte do tempo; a "frieza" de seus níveis de estresse era visualizada nas cores azul e verde. Para aqueles que não faziam intervalos, a atividade média de ondas beta aumentou com o passar do tempo, sugerindo um acúmulo de estresse.[88]

A pesquisa revelou três resultados principais:

- Os intervalos entre as reuniões permitem que o cérebro "reinicie", reduzindo o acúmulo de estresse das reuniões.
- Reuniões em sequência podem diminuir a capacidade de se concentrar e se engajar com o trabalho.
- A transição entre reuniões pode ser uma fonte de alto estresse.

No campo do trabalho do conhecimento, estamos cansados de saber o tanto que as reuniões podem ser uma pedra no sapato. É muito mais produtivo manter a comunicação assíncrona e reuniões enxutas e preparadas. Realizo meu trabalho de maneira remota há mais de dez anos e aprendi com o tempo a ser mais produtiva em reuniões e ajustá-las em meu fluxo. Compartilho aqui algumas estratégias para ajudar a criar esses espaços:

- Se a reunião vai durar trinta minutos, reservo um bloco de uma hora. Se a reunião vai durar uma hora, reservo um bloco de duas. Isso garante que exista espaço para que eu me prepare antes da reunião e possa também fazer um fechamento e um detalhamento de próximos passos ao finalizar.
- Realizo agendamentos por meio de uma plataforma digital, o Calendly, e tenho um processo de follow-up com o cliente semanalmente para confirmar os encontros e as agendas do que vamos tratar na reunião. Isso faz com que nossos encontros sejam bem direcionados e produtivos.
- Todas as reuniões são registradas, com pauta e próximos passos claros para ação e posterior revisão.
- Minha empresa segue o fluxo #4dayworkweek, e eu trabalho no período da tarde/noite. Minha agenda de reuniões é aberta na terça e na quarta, então não tenho reuniões na segunda e na quinta, o que me permite começar e terminar a semana focada nos projetos.

- Busco incluir de duas a quatro reuniões, no máximo, em dias de atendimento.

Batendo novamente na tecla de que isso não é uma responsabilidade individual e sim uma mudança sistêmica, é importante que cada organização avalie como medir as entregas e garantir que a produtividade esteja igual ou melhor que antes. Aqui estão algumas orientações para realizar essa medição:

- **Utilize as métricas existentes:** cada organização já possui métricas e referências para medir seu desempenho. É conveniente usar essas mesmas métricas durante o teste da semana de quatro dias, a menos que o objetivo seja transformar a forma como o desempenho é compreendido. Manter um olho nas datas de entrega, receitas, marcos concluídos ou qualquer outra métrica relevante para a função e indústria é uma abordagem comum. Não reinventamos a roda; a ideia é melhorar processos.
- **Considere a interpretação familiar das métricas:** os colaboradores estão acostumados a avaliar seu trabalho com base em métricas familiares. Ao utilizar as mesmas métricas durante o teste, eles saberão como interpretar esses números e acompanhar o próprio desempenho. Introduzir um novo sistema de medição pode causar confusão e desviar a atenção do objetivo principal.
- **Alinhe os benefícios esperados:** pense no motivo pelo qual a empresa está testando a semana de trabalho de quatro dias e quais benefícios espera obter dela. Concentre-se em como o teste afeta esses objetivos e encontre formas de medir esses impactos específicos. Se o objetivo é melhorar o equilíbrio entre trabalho e vida pessoal, por exemplo, a empresa pode considerar métricas relacionadas à satisfação dos colaboradores, taxa de retenção ou feedback sobre o equilíbrio entre trabalho e vida pessoal.

- **Monitore o bem-estar dos colaboradores:** os testes podem ser desafiadores e estressantes para as pessoas. É importante acompanhar como os colaboradores se sentem durante os testes e em relação a eles. Além das métricas de produção, considere o uso de sistemas de medição de sentimentos ou ferramentas de engajamento dos colaboradores, para avaliar o impacto emocional dos testes. Manter um olho atento no bem-estar dos colaboradores é fundamental para garantir que eles se sintam confortáveis e apoiados durante o processo.

É verdade que as empresas que mudam permanentemente para semanas de trabalho de quatro dias não veem uma queda no desempenho geral da empresa. Se todos conseguem desempenhar, em quatro dias, a mesma quantidade de trabalho que faziam em cinco, então, por definição, a produtividade da empresa aumentou. Mas isso não vem de cada trabalhador aumentando sua eficiência por si só. Grande parte do benefício da semana de quatro dias vem da mudança organizacional e sistêmica.

Importante!

Quando a organização busca incentivar as pessoas a experimentar novas formas de trabalhar, precisa dar-lhes espaço. Se os colaboradores ou líderes de equipe forem rastreados semanalmente e estiverem sob pressão para mostrar melhora constante, serão menos propensos a passar algumas semanas aprendendo a usar novas ferramentas que podem automatizar o trabalho rotineiro ou a investir em práticas que levam tempo para dominar, mas compensam a longo prazo.

As empresas que adotam esse modelo reorganizam a rotina para que existam menos distrações, reuniões, interrupções. É um trabalho de análise e melhoria de processos que, a cada mês

> e com a experiência dos colaboradores, vai se aprimorando para preservar o foco das pessoas para o trabalho mais importante.

As empresas que testaram veem melhorias na produtividade e na motivação dos colaboradores. Eles relatam sentir-se mais descansados e equilibrados, o que, por sua vez, leva a um melhor desempenho no trabalho. Além disso, algumas empresas relatam que o modelo melhorou sua reputação e as ajudou a atrair talentos de qualidade. No entanto, houve também desafios, e as empresas precisam estar preparadas para lidar com eles de forma eficaz.

Os desafios são muitos e variam de acordo com o setor, a cultura da empresa e a estrutura de trabalho existente. Algumas empresas podem ter dificuldade em reestruturar seus processos de trabalho para se adaptar à semana de quatro dias. Também pode haver objeções relacionadas à aceitação do novo formato por parte dos clientes ou fornecedores. Além disso, a resistência interna à mudança pode ser um obstáculo. No entanto, com a comunicação e o planejamento adequados, esses desafios podem ser superados.

> As pesquisas são bastante claras. Se você se planejar cuidadosamente, buscar a eficiência e se preparar para eventualidades, há grandes chances de descobrir como cumprir semanas de quatro dias. Simplesmente cortar um dia por semana do calendário não vai fazer sua produtividade saltar automaticamente; é preciso correr atrás. Mas semanas de quatro dias são um excelente incentivo para que as pessoas encontrem dentro de si essa eficiência, cooperando e colaborando mais do que antes e realizando o trabalho necessário para que todos possam desfrutar de um fim de semana de três dias.[89]

Pela minha experiência na 4 Day Week Global, a resposta à iniciativa tem sido geralmente positiva, mas, como toda mudança, pode haver alguma resistência ou desconfiança inicial. Isso pode ocorrer porque a ideia de uma semana de trabalho de quatro dias desafia o *status quo* e as normas convencionais de trabalho. É comum aos trabalhadores a sensação de "deveria estar fazendo algo no dia de folga". No entanto, com envolvimento adequado e comunicação transparente, a maioria dos empregadores e colaboradores se mostra aberta à ideia. A chave é garantir que o processo seja colaborativo e que todos se sintam parte da mudança.

É questão de alinhamento de práticas de trabalho.

As opções de trabalho flexíveis, que antes eram um privilégio, agora são uma expectativa para muitos candidatos a emprego. De fato, muitos trabalhadores desejam trabalhar em casa ou num regime híbrido. O mesmo acontecerá aos poucos com a semana de quatro dias.

Segundo dados da Pesquisa Nacional por Amostra de Domicílios Contínua, no Brasil em 2022, cerca de 9,5 milhões de pessoas trabalharam remotamente, o que representa 9,8% do total de ocupados que não estavam afastados do trabalho no período.[90]

Trabalhar de maneira remota ou híbrida é um desejo porque, desenvolvendo as atividades de casa, há mais tempo para conciliar o trabalho com o resto da vida, já que há economia no deslocamento. A semana de quatro dias é mais uma iniciativa que pode ser implementada para promover o bem-estar no ambiente de trabalho, mas também na vida do colaborador, já que este passa a ter mais tempo para outras atividades fora do trabalho. Os dias de trabalho passam a ser não lineares, sem a expectativa de que os colaboradores estarão diante do computador das 8h às 18h todos os dias. Pode ser que alguns gostem de tirar um cochilo depois do almoço e outros prefiram trabalhar às 9h da noite, que é o seu período mais produtivo (lembra dos cronotipos?).

Quando o trabalho se torna o centro de tudo, você está sempre na lógica do *fazer*, que é o lugar da ação, da produtividade, do tempo de produção. E isso é importante, contanto que ajude você a *ser*, ou seja, propicie experiências. Mas lembre-se: o trabalho é parte da sua vida, não a vida inteira. Entenda que ninguém está negando o poder do trabalho e que a maioria precisa trabalhar. O ponto é que vivemos numa sociedade em que não temos direito a outras coisas na vida – aos outros tempos de ser humano. E aí ficamos só por conta do trabalho. A proposta aqui é ir contra a cultura da aceleração.

Por isso, a recomendação é construir culturas que facilitem o trabalho para viver, e não viver para trabalhar.

Começa na agenda

Já deu para perceber que a organização está no centro não só de uma vida pessoal mais organizada e conectada com seu propósito, mas diretamente ligada ao lucro de uma empresa, né? Para entender como aplicá-la melhor, é importante conhecer os dois tipos de agenda que geram dois modelos de planejamento, conforme concebido pelo empreendedor Paul Graham:[91] as *makers* e as *managers* (fazedores e gestores, por assim dizer).

A agenda *manager* é aquela que se divide em intervalos e permite bloquear várias horas para uma única atividade, se preciso. No entanto, com frequência, as atividades são trocadas a cada hora. E, em geral, há muitas reuniões. Soa familiar? Ela é muito frequente em ambientes corporativos tradicionais.

Já a agenda *maker* é um modelo dividido em períodos de meio dia. Funciona bem para escritores ou programadores, por exemplo – é mais criativa. Como mal dá tempo para começar as atividades em uma hora, elas reservam grandes blocos de foco. É uma agenda com menos reuniões, porque esses encontros podem mudar o foco do trabalho, muitas vezes afetando um dia inteiro de produção.

O problema é que a nossa cultura de aceleração está afetando esses dois perfis. Tenho uma prima que é bordadeira e usa o Instagram para vender e divulgar seu trabalho. Um dia, ela virou para mim e desabafou: "Cara, não consigo postar todos os dias porque eu tenho que bordar!". Olha só que terrível: ela precisa da internet para trabalhar, mas a pressão de estar na internet toda hora está afetando o trabalho! Se você faz algo, logo tem que postar, falar sobre isso, tirar foto e... é cansativo demais, sabe? Temos tanto na nossa lista a fazer e ainda querem botar mais coisa! Eu mesma já tive seguidores me pedindo mais conteúdo. Vira e mexe alguém fala algo como: "Adoro seu conteúdo, mas tô sentindo falta disso ou daquilo". Durante um tempo, encarei como uma dívida. Estava faltando. Hoje encaro de uma maneira totalmente diferente, porque mudei minha mentalidade. Fico feliz que meu conteúdo faça bem aos outros. Mas, antes, pensava: "Putz, tô devendo, tô atrasada! Fulano tá postando todo dia e faz a mesma coisa que eu, tem mais seguidor que eu, tá postando todo dia!". Mas quem vê close não vê corre, né? Resolvi parar de mostrar meus bastidores e só falar dos meus resultados quando me sentisse confortável. Sei que tem um preço, mas estou disposta a pagá-lo.

Perceba que tem uma hora que temos de fazer as coisas, cumprir nossas tarefas e responsabilidades. Precisamos ter aquele momento do gerúndio, do "estou fazendo". É claro que algumas profissões pedem que sejamos marqueteiros de nós mesmos, mas não dá para ser toda hora – não dá e não precisa.

Para mim, o pulo do gato é combinar essas agendas com seu conhecimento sobre os ciclos. Mapear bem o que são os pontos essenciais na rotina pessoal e no trabalho. A beleza está em conectar natureza com planejamento. Você já deve ter percebido que o processo de planejamento é permanente e contínuo, ou seja, acompanha as mudanças. É uma forma de recalcular a rota quando nos sentimos perdidos e confusos. Como somos cíclicos, podemos antecipar repercussões, estabelecer margens de segurança e desencadear ações que reflitam nosso propósito diariamente, diminuindo os riscos de frustração – e respeitando nosso corpo e nossa mente.

Lembra a química do cérebro? Em termos de neurociência, se uma semana reduzida de trabalho permite que as pessoas sejam mais felizes, há aumento de serotonina. Se as pessoas estão mais próximas das famílias, aumenta a ocitocina e, se elas podem trabalhar em atividades mais focadas, há aumento na dopamina. *Boom!*

A real é que estamos todos, de certa forma, cansados. Não dá para parar só quando o burnout bater à porta, da pessoa ou da empresa. Saúde mental é importante. A qualquer sinal de cansaço, o melhor a fazer é descansar. A qualquer sinal de sobrecarga no trabalho, o caminho pode ser negociar e valorizar o descanso. Nem sempre dá, eu sei. Não é possível para todos, também. Mas a proposta aqui é justamente fazer o questionamento a fim de que, aos poucos, a mudança seja possível para cada vez mais setores, cada vez mais trabalhadores.

Capítulo 10

(Re)conexão

> Ando com fome de coisas sólidas e com
> ânsia de viver só o essencial.
> GUIMARÃES ROSA

Começamos as reflexões sobre desacelerar falando dessa nossa realidade corrida, que nos convoca a olhar para o essencial. Ao aprender sobre os ciclos da natureza, entendemos o que é esse essencial – o corpo, o cuidado, o lugar de honrar o seu espaço. Depois, aprendemos o que é a mentalidade organizada e as estratégias para desenvolver novas rotas. Agora, vamos buscar experimentar aquilo que absorvemos.

Na vida, podemos aprender, desaprender e reaprender. (Re)conexão consiste em reaprender a usar seu tempo, seus recursos, sua atenção e sua energia para entrar em contato com o que é importante. É um equilíbrio das práticas de vivência on e off-line.

Um estudo da Universidade de Berkeley mostra que as pessoas passam quase doze horas por dia consumindo informação, lendo ou ouvindo mais de 100 mil palavras diariamente.[92] Isso significa que nossa imersão acelerada na cibercultura vem nos transformando em seres cada vez mais "cíbridos", termo criado pelo arquiteto Peter

Anders para dizer que parte de nós — nossas experiências, datas e memórias — vive nas plataformas digitais, que são extensões de quem somos.[93] Esse hibridismo exige do ser humano uma nova maneira de compreender o mundo. Por isso, precisamos prestar atenção ao comportamento de *heavy user*, pois ele impacta diretamente a qualidade do dia a dia e das relações sociais.

A consequência desse novo modelo é que não só consumimos informações, mas também somos produtores ativos do contexto que está nos deixando multitarefa, com a agenda cheia e falta de tempo. Mesmo quando há momentos considerados livres, há uma enorme pressão para que eles sejam preenchidos por uma busca insaciável de informação on-line. A barra de rolagem da *timeline* de uma rede social nunca tem fim, e não queremos perder nada. Como vimos antes, estamos tomados pelo FOMO, sobrecarga mental, cansaço, pressão, ansiedade, medo de não acompanhar a celeridade do mundo, a falta de foco e a ocupação excessiva do tempo diário.

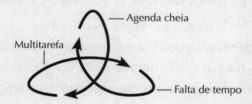

Mas, se, por um lado, a internet tem esse caráter negativo, por outro, ela nos permite conhecer pessoas com quem talvez nunca esbarraríamos ao vivo, mas que nos ensinam, nos fazem rir e nos fazem companhia. Ela também proporciona acesso a lugares incríveis que talvez jamais conheceríamos. Sem contar que a internet abre espaço para nosso protagonismo, pois é uma vitrine para nossos projetos, que muitas vezes se tornam negócios.

O filósofo Pierre Levy diz que esse formato de sociedade digital nos levou a operar em um sistema de inteligência coletiva conectada em rede, no qual ninguém sabe tudo, mas todos sabem alguma coisa.

Essa combinação mobiliza um intercâmbio de saberes entre os nós da rede que não se limita ao ser humano, mas também a todas as representações que se interconectam.[94] Portanto, estamos experimentando, em primeira mão na história do mundo, uma sociedade distribuída digitalmente, na qual estamos ligados pela inteligência coletiva por meio de diversos nós digitais, enquanto permanecemos ligados em nós analógicos e emocionais.

Na Organização Centrada no Ser Humano, compreender essa cultura digital denota ressignificar a conexão com o eu, o outro e o digital. Trata-se de reconhecer os contornos do digital, organizá-lo de maneira que esse universo harmonize com nosso universo off-line para que seja possível sair do modo automático da tríade multitarefa/agenda cheia/falta de tempo e abrir espaços para o que realmente importa – inclusive as pessoas importantes da sua vida.

> A (re)conexão com o eu, o outro e o digital é o equilíbrio para nossas práticas e vivências de vida de seres cíbridos.

É importante ressaltar que essa transição entre o desequilíbrio gerado pelo FOMO para o equilíbrio que a (re)conexão faz não é tão simples quanto um clique. É preciso romper, consciente e intencionalmente, com a tríade da desconexão. Esse ponto é destacado porque, como já vimos, é muito comum uma certa glamourização de quem faz muitas coisas ao mesmo tempo, assim como agenda cheia e falta de tempo têm sido consideradas medidas para mensurar sucesso, especialmente o profissional. Contudo, essas medidas não fazem parte da Organização Centrada no Ser Humano, na qual a conexão é sempre vinculada com escolhas sobre o que mais importa para as pessoas, feitas em termos individuais, organizacionais, interpessoais.

Entenda que a correria da vida só acaba quando se interrompe a correria que existe dentro de nós mesmos, por meio de uma série de mudanças também estruturais. Isso significa que é preciso, primeiro, parar, analisar e conseguir reorganizar a nossa trajetória digital, que não implica apenas organizar fotos e arquivos digitais. Um dos passos iniciais para a (re)conexão com o eu, o outro e o digital é a curadoria, um processo de filtro, escolha e organização sobre essa abundância de informações, abdicando da quantidade para ter qualidade de informação e artefatos digitais.

Apesar do potencial das máquinas em realizar curadoria de informações por meio dos algoritmos, o processo não oferece proposta de novidade, pois tende a olhar para seu comportamento passado: o que comentou, recomendou, leu, clicou. Dessa forma, o algoritmo vai reconhecer padrões, enviar mais informações similares e criar uma bolha digital. Por isso, a agenda de informação personalizada, feita por uma curadoria humana, agrega pessoas e ideias e amplia a conexão tanto para o que está dentro quanto para fora do digital.

Um dos processos de curadoria é o minimalismo, um modo de viver que prioriza as pessoas em detrimento das coisas que elas possuem. Com a popularização do movimento minimalista, em especial por intermédio de Marie Kondo, criou-se uma visão equivocada de que se trata de um estilo de vida com menos coisas. O minimalismo não só prega que devemos nos desapegar de objetos, mas também evitar excessos e focar naquilo que é mais importante. É uma questão de selecionar o que você realmente quer carregar pela vida afora.

Transpondo esse conceito para o mundo digital, a ideia é reduzir o impacto desses excessos do on-line e simplificar nossa relação com o mundo digital. Por isso, o primeiro movimento é localizar o que, no ambiente digital, realmente agrega valor à nossa rotina ou à rotina de uma empresa. Ao fazer essa análise, podemos entender melhor o nosso comportamento, indo às redes sociais quando for do nosso desejo ou parte do bloco apropriado de trabalho, e não toda vez que somos acionados por elas.

Por exemplo, já parou para pensar nas notificações que você recebe de diferentes aplicativos no celular? Será que você precisa que todas elas fiquem ativas? Sua atenção é desviada para cada sinal sonoro, de luz ou de vibração, mesmo que não abra a mensagem no momento em que a recebe. Há estudos que revelam que se pode levar até 26 minutos para recuperar o foco da atividade que estava sendo realizada antes de receber uma notificação.[95] Será que você não está deixando sua atenção ser facilmente sequestrada?

Esses comportamentos de excesso fazem perder o foco e, consequentemente, perder a gestão dos recursos. Por isso, as práticas do minimalismo digital nos direcionam para a organização digital, pois é possível criar processos que gerem mais atenção, concentração e tempo para o que é valioso. Esses processos acabam por deixar a agenda mais leve, nos afastam do hábito improdutivo das multitarefas e abrem espaço de respiros durante o dia, o que nos deixa com tempo para cuidar da vida, como diria minha avó.

Reduzir as atividades no dia a dia, o volume de obrigações pendentes e brechas de tempo parecem ações difíceis de se tornarem realidade, mas construir um sistema digital com base em valores e com limites permite arrumar a bagunça física, mental e digital. Organizar planejamentos, planos e atividades com essa visão de (re)conexão com o eu, o outro e o digital nos coloca nesse fluxo de experimentar a transformação na prática, mesmo que aos pouquinhos.

Equilibrar nossa vida social, de relacionamentos afetivos e de trabalho é muito desafiador, porque estar em comunidade gera uma troca de recursos. E, se não temos cuidado com nossos recursos, não conseguimos estar nem com a gente nem com o outro. Se não prestarmos atenção a isso, vamos querer consumir mais e gerar cobranças. Ou, ainda, gerar uma expectativa no outro que acaba virando cobrança para a gente.

O meu divórcio foi uma das grandes viradas da minha vida. Quando você se separa, tem de lidar com um vazio muito grande. É um luto em vida – de alguma forma, a pessoa morreu para você, mas continua nas redes sociais, no convívio das pessoas, postando que está em alguma festa. O bom disso é que ensina a lidar com a falta de uma maneira muito única – não só a falta da pessoa, mas de toda uma vida que vocês haviam criado juntos. A gente percebe muito o amor na falta.

Meu ex-marido fazia suco verde para mim todos os dias pela manhã. Ele era do tipo que acordava antes; eu sempre fui de enrolar na cama. Despertava e começava meu dia com o barulho do liquidificador, com o preparo e o cheiro do café. O hábito já era parte dos meus sentidos. Quando voltei ao Brasil, já separada, preparei esse suco para mim pela primeira vez, mas não consegui tomá-lo porque tinha o gosto do nosso bom-dia. Era a representação do vazio que me deixou.

Esse episódio me fez entender que o divórcio me colocava para enfrentar meu maior medo: a solidão. Eu morria de medo de ficar sozinha, e a vida fez o quê? Deu um jeitinho no imprevisto. Eu nunca tinha morado sozinha – sempre saí de um relacionamento para outro. Morei com minha mãe, em república, com o ex-marido. Colocada para ser finalmente a minha própria companhia, decidi que meu único objetivo seria me reconectar com quem eu era, quem era a Gabriela. Com 35 anos de idade, morei sozinha pela primeira vez, e foi essa experiência que me permitiu reorganizar meus espaços, minhas finanças, minhas emoções, minha energia.

Eu estava morando sozinha, mas não estava sozinha. A solidão não me atingia quando o gosto pelo meu bom-dia e minha companhia apareceram. Morar perto da minha família e de meus amigos e poder recebê-los em um local onde me sinto bem foi uma experiência importante, riquíssima. Senti que pertencia a uma comunidade.

Esse também foi um período de redescobertas afetivas e de pensar o que era valioso para mim e para o outro em uma relação. Foi tempo de redescobrir o outro no tempo. Eu estava com pressa e fome de relacionamentos logo após a separação.

Isso me fez passar por uma grande experiência antropológica, que foi o mundo dos aplicativos de relacionamentos. Eu já estava no processo de escrita deste livro e pensei: "Vou entrar nisso aqui porque vai que tem alguma coisa relevante!". E entrei em todos os apps de relacionamento que você possa imaginar. Só que eu nunca tinha usado uma ferramenta assim, porque estava namorando quando o Tinder surgiu. Decidi experimentar para ver como era. E foi uma loucura! O mundo on-line me apresentou uma nova aceleração: a do mundo dos relacionamentos. As opções eram inúmeras, e escolher pelo tamanho, tipo, gosto, signo era só a ponta do iceberg. Em muitas dessas opções, o caminho foi: o match acontece, uma conversa rola, alguém vai para a casa de alguém, rola uma troca que acaba em pegação, uma interação de alguns dias em ritmo mais acelerado, até aparecer alguém melhor. Ou mais interessante.

Descartáveis, substituíveis e comparáveis. Acho que esses aplicativos e as redes sociais, em especial aquelas conectadas à promoção da imagem, como o Instagram, nos colocam no *inferno dos iguais*, em um nível de absorção e comparação o tempo inteiro, seja com você mesmo, reafirmando que esse post "é a minha cara", "me representa", ou ainda se colocando em uma régua com quem aparece nas suas recomendações, e muitas vezes enxergando dívidas na sua conta.

Redes focadas nesse tipo de promoção nos colocam como produtos em nossa própria vitrine. E, em uma vitrine digital, coloca-se um filtro na cara para lidar com os tais "defeitos", que são apenas nossos pontos naturais. Tenho vários filtros salvos para usar, não nego. A vitrine digital não mostra como as pessoas realmente lidam com seus recursos, com o tempo, com o dinheiro, com a energia. É a convivência que mostra.

É na convivência que percebemos as trocas de recursos e como as pessoas lidam com os pontos da vida. É na convivência que nos conectamos e nos apaixonamos (ou não!) pelas pessoas. Convivências precisam de tempo e disposição, justamente o que a cultura da aceleração está nos tomando. Ao sinal de maior envolvimento e trabalho, as pessoas descartam as relações. É um instinto de preservação, para não se sobrecarregar mais.

Dá trabalho lidar com a descoberta do outro, abrir espaço para a relação, para o diálogo. Lidar com os defeitos e as formas como o outro organiza recursos, tempo, dinheiro, energia. Compartilhar as histórias, de onde vieram, como encaram o dia e as questões complexas da vida. Enquanto todos quiserem buscar um espelho, não veremos o outro como o ser humano que é. Se todo mundo estiver num nível de objeto e de compra, só quem é perfeito pode ser amado?

Em um post em suas redes sociais, a escritora e educadora sexual Lais Conter fala sobre como a gente não quer amar, a gente quer consumir o outro:[96]

> A sociedade do consumo dominou até nossas relações. Queremos o melhor. Queremos poder escolher o melhor. Queremos que a pessoa que a gente se apaixone tenha todas as características perfeitas! A gente não se permite mais cair de amor, se deixar dominar pela paixão inexplicável. A gente cria checklists de pessoas perfeitas, muito com incentivo da internet e a vasta gama de possibilidades que nos é apresentada – inclusive preenchendo vários requisitos em apps de relacionamento – e a lógica de se apaixonar pela pessoa e por quem ela é acaba sendo deixada de lado. Assim como a gente quer comprar o melhor computador, o melhor celular, a roupa que tá na moda, levamos isso pra nossas relações. Mas reduzir pessoas a objetos e avaliar cada característica delas não me parece a coisa mais saudável. A gente não quer amar, a gente quer consumir o outro. Todo mundo vira substituível. Tal como Bauman fala. Vivemos tempos líquidos. Nada é para durar. Todo mundo é facilmente descartável, apresentando o menor dos defeitos.

Onde tudo é usado e trocado com facilidade e na rapidez dos desejos, o que não é imediato não tem vez. Relações que se abrem com o tempo e permitem conversas e descobertas são raras – pelo menos para mim, que não consigo estar na superfície. É preciso disposição em outros tempos, uma atitude em relação a fazer alguma coisa ou a estar com alguém.

O nível mais básico de construção de uma relação é a dedicação. Ninguém chega pronto para um relacionamento; as coisas acontecem pouco a pouco. Em um mundo imediatista, é fácil residir na indiferença, mas é importante lembrar que lidar com a rejeição, com o medo, com a insatisfação e com os defeitos do outro faz parte do processo de construção da relação. A pressa nos impede de olhar o outro como pessoa, e isso pode fazer com que nos sintamos descartáveis e tratemos o outro da mesma forma. É horrível se sentir assim.

Nós, seres humanos, somos criaturas relacionais por natureza. Nossas relações diárias – família, amigos, colegas de trabalho, conexões nas redes sociais – demandam uma parcela do nosso tempo.

Enquanto pessoa solteira, uma parte desse tempo é dedicada a conhecer novas pessoas. Esse é um campo, ao mesmo tempo, cansativo, surpreendente e assustador. Demanda tempo para começar uma conversa, encontrar alguém, conhecer de verdade. Além do tempo, há também a necessidade de energia para se envolver, para responder, para estar disponível.

Durante esse tempo de solteira, percebi que a clareza na comunicação é uma grande vantagem em qualquer relação. Aqui estão três lições preciosas que reforcei:

- A ausência de resposta já é uma resposta. Quem te deixa sem resposta simplesmente não te colocou como prioridade. E está tudo bem não ser prioridade.
- Respostas vagas demonstram desinteresse. Seria mais honesto se, em vez de dar desculpas e promessas vazias, as pessoas esclarecessem sua indisponibilidade.
- A verdadeira beleza está em quem te localiza no tempo. Não se trata de prestar contas, mas de usar de clareza para não gerar expectativas ou falsas impressões. Muita ansiedade poderia ser evitada com uma simples conversa ou um simples não.

Comunicação é a chave. Todo modelo de relacionamento que funciona no tempo, para mim, tem uma comunicação muito sólida. Sou amiga daqueles que conseguem conversar. Na minha família, busco abrir até as conversas mais difíceis. Imagine quão mais vulneráveis, abertos e amorosos poderíamos ser se as palavras não fossem escondidas ou reprimidas?

Chata, difícil, louca, arrogante, atrevida e abusada. Os adjetivos chegam para explicar a atitude de constantemente sinalizar limites, dizer não, ser direta ou simplesmente dizer na lata o que penso. Depois de anos vivendo a história de que "só menina boazinha recebe amor", sigo tentando ressignificar meus nãos. Fecho portas, contratos, ideias, amizades e amores. É agridoce a sensação do não que liberta.

Não posso, não quero, não vou, não consigo, não fiz, não aceito, não dou conta, não sei. É difícil ouvir e é difícil dizer. É difícil quando alguém nos diz não e não coloca o nosso querer em primeiro lugar. Eu simpatizo, no entanto. As pessoas que dizem não me poupam energia. As pessoas que sinalizam seus limites ganham o meu respeito e me ajudam a aprender mais sobre elas, sobre mim e sobre a vida. Ninguém vem com manual de instrução. Conversas difíceis são necessárias porque apontam limites.

Sou chegada ao não que nos liberta de prisões, de padrões, de pressões. Sou fã do não que conecta e aproxima. Por vezes me apresento bruta, difícil, chata, desaforada e reativa. Não é algo de que me orgulho. Quíron em gêmeos manda um abraço! Então agradeço a todos aqueles que me acolhem mesmo em minha reatividade e sentam comigo para conversar. Agradeço a quem não me nega a oportunidade de reparação.

Não sou perfeita; sou humana. Quero seguir aprendendo o outro lado do não no amor. Quero continuar a olhar o não para além do ego, buscando a próxima abertura de porta, na confiança de que, depois de um não, a vida responderá (amém!) com um saboroso sim.

Sobre o amor – ele é feito de ação, e a ação se constrói no movimento do tempo. Em *Tudo sobre o amor*, bell hooks nos aponta que o amor é uma combinação de cuidado, compromisso, conhecimento, responsabilidade, respeito e confiança.[97]

O tempo das relações é repleto de conversas, músicas e silêncios. E cada segundo vale a pena quando se é investido em relações que respeitam, valorizam e enriquecem nosso eu. O tempo não é apenas um recurso, mas também um presente precioso que oferecemos uns aos outros. E o espaço da convivência é também um direito nosso.

Viver junto significa estar com as pessoas em um lugar compartilhado, como a casa, o trabalho ou a comunidade. Sem respeito, não temos como valorizar as diferenças de cada um e tratar a todos com dignidade. É fundamental para a boa convivência que a fala possa acontecer aberta e honestamente, onde todos tenham abertura para dizer o que pensam e sentem. Se queremos cooperação, é necessário que as tarefas sejam divididas de forma justa.

Adaptação, resolução de conflitos e empatia são elementos da boa convivência. A Organização Centrada no Ser Humano nos permite ser flexíveis e nos ajustar às necessidades e comportamentos dos outros, de forma que seja possível encontrar soluções que ajudem a todos. Também nos permite entender novos pontos de vista, para nos colocarmos em novos lugares e respondermos de forma empática.

> É preciso lidar sem pressa com as conexões para que elas virem relacionamentos.

Os apps de namoro parecem apps de entrega: você tem várias opções, seleciona a que acha mais apetitosa e pede seu delivery. E, assim como as entregas de comida, você fica com pressa de chegar logo, de que as coisas aconteçam logo. Mas um relacionamento não é construído à base da pressa! Não dá para acelerar o seu processo, nem o dos outros.

Se você é da minha geração, já deve ter passado por esse ciclo: em um desses apps você dá match, aí começa a conversar, aí a pessoa te adiciona no Instagram, aí você entra no Instagram dela e fuxica todas as fotos, aí você espera para ver se ela vai interagir com você, depois ela curte as suas fotos, inclusive aquelas de dez anos atrás, o que faz pensar que ela está muito a fim de você. E daí você fica olhando aquele círculo vermelho dos stories (imagina se for o verde, então?!) e pensa por que ela não está falando com você se está obviamente on-line, e fica checando para ver se ela viu seus stories hoje. Olha como a gente cria um bando de expectativa em cima de absolutamente NADA. Em cima de não coisas.

> Informações, isto é, não coisas, se interpõem às coisas e as fazem desaparecer completamente. Não vivemos em um domínio de violência, mas em um domínio de informação que se apresenta como liberdade. Acostumamo-nos a perceber a realidade em termos de estímulos, em termos de surpresas. Como caçadores de informação nos tornamos cegos a coisas silenciosas, discretas, até mesmo ordinárias, trivialidades ou convencionalidades que carecem de estímulos, mas que percebemos em nossa vida diária.[98]

Estamos em um mundo distraído. As pessoas navegam em redes sem prestar atenção, absorvendo o que lhes convém. Não são conversas difíceis; elas não precisam estar presentes o tempo todo. Conversas presentes pedem por escuta ativa, o que é raro encontrar em feeds por aí afora. Quando está falando com alguém que está distraído, vai se perceber falando sozinho; é o que geralmente acontece nas redes sociais. Quando você fala com alguém que está ouvindo, continuará falando. Agora, quando alguém está realmente presente, você não fala apenas de trivialidades ou troca não coisas; você compartilha o que realmente importa para você, coisas importantes sobre sua história, sentimentos.

Entramos nessa lógica, gastando nosso tempo em redes sociais, porque queremos um sinal da atenção dos outros. Todos nós temos demandas de amor e esperamos que alguém supra nosso desejo. Como diz a psicanalista Ana Suy, a falta é o caminho do amor.[99] Só nos conectamos com nosso eu quando nos conectamos com nosso vazio, e é justamente isso que vai nos permitir ter conexões profundas com os outros.

> A gente vê o outro com a nossa própria lente. E aí muitas vezes aquilo que a gente supõe que o outro espera de nós pode ser um reflexo das nossas próprias expectativas. Quando a gente entende que ninguém deve estar disponível para nós 24/7, fica mais fácil estabelecer nossos próprios limites. E estabelecer limites é uma delícia, não acham?
>
> Gabriela Prioli

Será que o que esperamos dos outros é um reflexo do que oferecemos? Se eu entendo que o outro não está disponível para mim 24 horas por dia, isso também significa que não preciso estar disponível 24 horas por dia para o outro. Em outras palavras, é importante criar limites e sinalizar até onde vai o uso dos seus recursos – e o quanto deles você está disposto a trocar numa relação.

A convivência não é um campo simples de experimentação, pois seres humanos são cheios dos seus próprios ritmos e histórias. Quando as pessoas não se dispõem a lidar com as convivências, acabam escolhendo certos caminhos, e não saberemos em totalidade do que se tratam se não estivermos disponíveis para conversas.

Por exemplo, o ghosting. É um mito esse negócio de que a pessoa dá ghosting porque não gosta de você. Pode ser isso mesmo, mas ninguém sabe o que está rolando na vida do outro. Às vezes, ficamos criando histórias, mas não sabemos se a pessoa está passando por algo importante, se encontrou outra mais interessante ou só está cheia de trabalho. Ficamos esperando que ela tenha a mesma disponibilidade que nós! E, se você fica disponível toda hora, vai esperar que o outro faça isso também.

Ouvimos desde pequenos que quem não é visto não é lembrado, mas por vezes precisamos nos afastar para criar limites, nos cuidar.

Na internet, é importante você saber o que deve seguir ou não e, da mesma forma, entender quando os outros fizerem isso. Quando me divorciei, eu mesma deixei de seguir vários amigos que fiz nos Estados Unidos – não porque deixei de gostar deles ou sentir gratidão, mas porque o feed deles me despertava sentimentos ruins. Pensa: da mesma forma que você deixa de frequentar o bar favorito de alguém que não está mais com você, ou até de alguém que simplesmente não gosta, você pode deixar de frequentar seus stories! Deixar de seguir não é sinônimo de rancor ou inveja, pode ser só autocuidado digital.

Pausas nas redes sociais vão lembrar você que muito do que acontece não precisa de uma reação no mesmo tempo. Que sua atenção e energia podem ser direcionadas para criatividade, comunidade, exploração, atos de amor.

O problema dos aplicativos é que eles também te colocam numa saga para tapar buraco. Você troca ideia no Tinder, aí adiciona no Instagram, aí passa para o WhatsApp, marca um encontro e já fica numa ansiedade gigantesca para que dê certo! E, se não der, já passa para o outro. Ah! Isso se der certo um encontro ou mais, porque o mais comum mesmo é a pessoa ficar ali, seguindo, vez ou outra se manifestando em não coisa. E só.

Comecei a anotar como me sentia quando usava aplicativos e descobri que eu procurava relações em três ocasiões específicas: 1) quando estava estressada, o que geralmente vinha com um pedido de comida; 2) quando me comparava com outras pessoas nas redes sociais (precisava de algo para levantar minha bola!); 3) em momentos de carência, como numa sexta-feira à noite sozinha. Havia um padrão de entrar nos apps quando estava sentindo falta de alguma coisa. Acho que era de mim mesma.

Saí e entrei nos aplicativos em diferentes momentos durante o pós-divórcio. Nenhum relacionamento que tive por lá vingou. Mas esse mundo possibilitou uma exploração no campo das relações que eu ainda não tinha passado na vida. Me fez entender mais sobre a tranquilidade no campo de conhecer alguém, de entender nossos interesses e como funcionamos juntos, nos conhecer e identificar nossos rituais, nossa natureza, a forma como nos comunicamos, o que queremos experienciar.

Uma reconexão comigo mesma, com a minha solidão, me ajudou a ter uma reconexão saudável com o digital. Isso também significava aproveitar meus tempos de ser humano – descansar, contemplar, abraçar as pessoas que eu amava no mundo real enquanto me abria, aos poucos, para conhecer novas pessoas.

Estamos no mundo on-line, trabalhamos nele, conhecemos gente nova e alimentamos conexões. Estar on-line com frequência é compatível com o mundo em que vivemos. Uma vez, um primo mais novo me contou sobre uma exposição de flores noturnas que só dava para enxergar se você as fotografasse com flash. Quer dizer, a experiência total daquela exposição só era possível com uma câmera de celular. Hoje, a experiência de registrar é como um padrão nosso de viver experiências.

O problema é que, quando caímos nesse padrão, perdemos o tempo de experiência, porque ficamos preocupados em acompanhar o conteúdo, o produto. Ficamos preocupados pensando no que vamos falar. E o mesmo se repete nas relações afetivas. Se você começar a usar a conexão on-line para se sentir digno ou merecedor de afeto, achando que afeto é receber uma resposta na hora, você começará a perder o tempo de se relacionar.

Silencio todos os meus stories no Instagram e parei de postar toda hora.. Antes, eu ficava me comparando com os colegas do ramo, mas isso estava me sugando. Decidi que era a minha rede e que iria usá-la como era melhor pra mim. O mais curioso é que meu posicionamento e as minhas vendas melhoraram, e a minha comunidade cresceu, apesar do número de seguidores diminuir. Olha só: até mesmo no on-line, qualidade não é sinônimo de quantidade!

Em *Devagar: como um movimento mundial está desafiando o culto da velocidade*, Carl Honoré advoga por uma abordagem de vida reflexiva, em contraponto à obsessão pela velocidade.[100] Ele fala sobre "resgatar a tartaruga interna", como uma metáfora para incentivar as pessoas a pisar no freio e a se reconectar com ritmos naturais e tranquilos, encorajando um estilo de vida mais consciente, que valoriza justamente a qualidade em detrimento da quantidade. Isso se alinha completamente com a Organização Centrada no Ser Humano que proponho e com os movimentos de valorização de bem-estar e de redução da carga horária de trabalho já apontados aqui.

Relações são feitas de trocas e entregas. Não dá para fazer essa entrega o tempo todo para todo mundo. Tem muita energia envolvida nisso... Fico pensando no comportamento que temos na internet e como estamos entregando nossos recursos mais preciosos, como tempo e atenção, para relações e trocas rasas.[101]

Se não entra na agenda, não é prioridade. Dói quando sabemos que não somos prioridade na vida de alguém. E dói ainda mais quando vemos nossos recursos, como tempo e atenção, indo pelo ralo. Só que cada um tem suas prioridades e está lidando de alguma forma com os recursos que tem. Alguns de maneira organizada, outros nem tanto. Em suas questões de vida, com seus valores, metas, bagagens e expectativas.

Ao pensar em equilíbrio, vejo uma roda da vida com níveis de realização reais, de acordo com os ciclos e prioridades que mudam. Às vezes, estamos mais focados no trabalho, nos estudos ou no fluir das relações. Se arrisco dizer algo sobre o fluir nas relações e o tempo, é que fazer planos junto com alguém é uma expressão de amor. Planejamos com quem queremos estar perto. Ou para/por/com quem é importante. Quando não é assim, o plano dói, ou seguimos perdidos em planos nos quais não queremos estar.

No colo de quem você se sente especial? Quem é prioridade no seu abraço?

Para quem você abre espaço na agenda? Quem abre espaço na agenda para você?

Capítulo 11

Descansar é preciso

> Se você quer descansar, você tem que aceitar.
> Você tem que resistir ao engodo da ocupação, fazer
> tempo para descansar, levar a sério, e protegê-lo de
> um mundo que tem a intenção de roubá-lo.
> ALEX SOOJUNG-KIM PANG

Como nos ensina o futurista, consultor e autor Alex Soojung-Kim Pang, se você quer ter descanso, é preciso levá-lo a sério e protegê-lo da economia da atenção, da sociedade do cansaço e de todas as forças que tentam sequestrá-lo. Isso significa praticar o *design de descanso*, ou seja, construir uma rotina na qual você abra espaço para o descanso de maneira ativa. Trata-se de colocar os espaços de descanso na sua agenda, e não descansar só quando tiver tempo – até porque, convenhamos, sempre temos alguma coisa para fazer.

Esse ato deliberado permite respiro, tranquilidade mental. Temos uma rotina muito complexa, desde muito cedo. Desde crianças, nossa agenda é lotada de expectativas, compromissos e coisas a fazer. No design do descanso, focamos naquela vida simples da qual falamos, criamos um modo de viver em que corpo e mente podem descansar a partir da otimização dos recursos.

Nos últimos anos, mesmo com altos e baixos – mudança de país, divórcio, pandemia –, pude ter tempo de sentir meus processos graças a um cuidado com minha rotina. É um grande privilégio. Descanso não é uma realidade para todo mundo, e sabemos que não é só uma responsabilidade individual chegar a um estado de tranquilidade. Se não tem um trabalho flexível, uma parceria que entende, um amigo para dar apoio, colegas compreensivos, como é que se descansa?

O descanso exige uma mudança coletiva, uma rede de apoio. Por isso, quando falo dele aqui, é para convidar você a pensar como pode garanti-lo na sua realidade. Qual é a sua estratégia? Às vezes é algo em torno de "Vou parar de trabalhar às 8h da noite sem ver e-mail, sem olhar pro computador até o dia seguinte", sabe? Ou, como no caso das mães com bebê pequeno, o descanso pode ser aquele pedido de ajuda para uma amiga vir e cuidar do bebê uns minutinhos para elas poderem hidratar o cabelo, tirar um cochilo, dar aquela relaxada. Com frequência achamos que descansar é "tirar dez dias", por exemplo, e aí, quando esses dias chegam, gastamos fazendo tarefas que estavam atrasadas, como ir ao médico, pagar conta, organizar o armário, resolver a manutenção do carro etc. Quem nunca?

> Design de descanso significa pensar no que você pode fazer dentro sua realidade, em escolher a sua estratégia para conseguir recuperar a energia.

Isso envolve a mentalidade organizada sobre a qual falamos – refletir sobre como você pode trabalhar nos seus espaços, criar processos, rituais para que o descanso aconteça e possa ser preservado. Mais ainda, significa também contribuir para o descanso de alguém! Já parou para pensar se você está ajudando alguém a relaxar? É muito bonito ver alguém dormir e se sentir feliz porque essa pessoa está descansando. Velar o sono de alguém é muito bom, e é muito bom ter alguém velando o nosso. Nos sentimos cuidados.

Então, negociar espaços e ter rede de suporte é o que nos ajuda a descansar, a ter tempo para nós mesmos, a viver nossos tempos de ser humano. Se fazemos parte da rede de suporte de alguém e estamos cansados, fica complicado.

Tenho falado com muita gente esgotada, exausta com a demanda de ficar disponível o tempo inteiro, típico de quem trabalha ou lida com a internet. Trabalho como autônoma desde 2011 e tenho uma experiência de ser minha própria chefe, ter múltiplos projetos e organizar muitas coisas – fora que a minha indústria é muito cíclica (tem mês que dá, mês que não dá). Aprendi que há um grande paradoxo presente no mundo atual em que, quanto mais oportunidades temos, mais tarefas aceitamos e, logo, mais ficamos sobrecarregados. Quanto mais crescemos, mais criteriosos temos que ser.

Mas qual é esse critério?

É o essencial. São aquelas pessoas, aqueles abraços, aquele tempo fundamental sem o qual nossa vida perde toda a graça. Todos nós sabemos o que e quem são.

Na minha experiência de trabalho, nunca tive esse negócio de sabático para conseguir me cuidar. O que eu tive foi comunidade, rede de suporte, cuidado com o dia a dia para poder dormir, comer, enfim, abrir espaço na rotina para o que é importante. Também tive clientes abertos à flexibilidade e trabalho com empresas abertas a novas rotas para organização. Com esse suporte e cuidado, minha produtividade foi aumentando. E isso não só sou eu; são todos os meus alunos que passaram pela Organização Centrada no Ser Humano, todas as pessoas da comunidade que já passaram por esse processo e que relatam a mesma coisa, como a Bruna Rebeca, membro da nossa comunidade:

> Eu amava o que eu fazia. Encontrei uma habilidade que eu amava, trabalhava com ela... mas eu amava tanto o meu trabalho que eu esquecia

de mim. Trabalhava quase quinze horas por dia, em um fuso horário de duas horas a menos. Acordava às 4h da manhã, só lavava o rosto e já começava a trabalhar. Muitas vezes não levantava nem para comer e ia até tarde da noite...

Caí então em um esgotamento emocional, mental e físico profundo. A pior fase da minha vida. Mas só aí eu entendi que precisava cuidar de mim. Joguei tudo pro alto, me desliguei da minha empresa, pedi demissão do meu emprego de gestora e suspendi o projeto dos meus sonhos.

Passei três meses me cuidando, fazendo acompanhamento e, já retornando à ativa devagarinho, comecei a fazer o curso da Gabi, eu já tinha comprado fazia tempo, mas, com a loucura que era minha vida, não conseguia assistir. Melhor decisão que eu poderia ter tomado naquele momento... Foi um reencontro comigo mesma, com o essencial. Meus olhos se abriram. Hoje, já de volta à ativa novamente, minha vida é OUTRA! Trabalho metade do tempo que trabalhava antes e produzo muito mais, e, o mais importante, sem negociar o essencial. E olha que ainda nem terminei todo o curso.

E eu posso dizer que encontrei um propósito com tudo isso que me aconteceu. Ouvi relatos de outros colegas que empreendem no digital e percebi como essa galera vive uma rotina louca como a minha era e acha que é normal, como eu também achava... Senti que eu posso ajudar essa galera através do meu sonho de ser mentora.

Perceba que essa experiência não é só minha, é de quem escolhe priorizar o essencial e diminuir a distração para encontrar esse lugar de alívio, de calma – e esse é um movimento de comunidade. Por fazer parte de uma comunidade, a Bruna recebeu suporte, como eu também recebi.

A gente costuma ver descanso e trabalho como opostos. O trabalho seria algo ativo, produzido, da ordem da realização. Já o descanso seria passivo, improdutivo – pode até ser recreativo, mas produtivo, não. O que o design de descanso nos ensina é que o descanso é muito mais que a ausência de trabalho. É um momento para recarregar as energias, a atenção, as baterias. É respeitar as pausas. E, sobretudo, pode ser ativo.

Quer ver? Pense numa viagem. Viagem cansa, né? Mas tem coisa mais gostosa do que aquele cansaço de praia?! Você chega, fica na praia, pega aquele sol, bate uma altinha, vai no mar, nada um pouquinho, aí quando bate 5h, 6h horas da tarde, você diz: "Pô, vou dormir que tô exausto!". É um cansaço maravilhoso, porque o descanso mais restaurador é o ativo!

Sabe o cansaço pós-esteira? Ele descansa fisicamente. O descanso físico é mais conhecido pelo descanso passivo, que seria deitar, cochilar. Mas fazer massagem, caminhar na grama, praticar um alongamento também é descanso, só que ativo.

Há inúmeras formas de descansar. Neste livro, tudo que trago sobre redução de distrações, melhorias no mundo do trabalho ou espaço na natureza contribui para divagação e relaxamento, e essa sensação de mente leve é fundamental para nós. O tédio é altamente benéfico para nossa criatividade, já que é nessas horas de tédio que o cérebro encontra tempo para realizar novas conexões.

É difícil chegar a um estado de descanso mental. Precisamos de silêncio e espaço na agenda. Precisamos de certo descanso dos sentidos, removendo ruídos que venham das telas e dos espaços de convivência, para que a mente não se exaura.

> Dizer não nos permite descanso emocional, pois é justamente a partir dele que externalizamos limites e podemos preservar o essencial.

Em uma cultura de autodesempenho, é difícil abraçar o descanso social e o espiritual porque são práticas que saem do tempo da produção. São descansos que acontecem em convivência, em oração, em pertencimento.

Quando você entende que existe o descanso ativo, sua perspectiva muda, porque para de associar o descanso com fazer nada, com ficar parado, e começa a entender que se trata de algo deliberado. Você pode escolher reservar espaço para o seu descanso na sua rotina. Assuma que vai ter tempo para se exercitar, descansar a mente, viajar, e organize sua vida ao redor disso.

Só preciso deixar claro que fazer nada não é ruim, não! Para Byung-Chul Han, se o sono perfaz o ponto alto do desempenho físico, o tédio profundo constitui o ponto alto do descanso espiritual.

A Competição de Espaço Vazio (Space Out Competition) é um evento anual que acontece desde 2014, na Coreia do Sul, em que os participantes competem em não fazer nada. Durante o evento, os competidores se sentam em silêncio por noventa minutos, sem adormecer, rir ou falar, enquanto sua frequência cardíaca é monitorada. O vencedor é aquele com a frequência cardíaca mais estável. Woopsyang, organizadora do evento, vê esse ato como um protesto contra uma cultura que demanda constante produtividade.[102]

Eventos como esse nos mostram o quão significativo é quando as pessoas sentam juntas para fazer nada. E nos lembram de que não se trata apenas de "fazer alguma coisa" versus "fazer nada". Você sempre vai pensar, processar, sentir – nunca estamos, de fato, fazendo nada. Quero só que você tire essa imagem de que o descanso é ficar parado num ponto de meditação ou deitado numa rede. Lógico que deitar na rede descansa, mas não só. A questão é que, quando há um acordo coletivo sobre o descanso, como o que acontece em recessos de feriado ou fim de ano, as pessoas se sentem mais confortáveis para relaxar.

O negócio é que vemos o descanso como uma recompensa: "Vou descansar porque já trabalhei muito" ou "Vou relaxar porque tô estressado". Só que, se você não descansa, está bloqueando o caminho de crescimento, porque o descanso faz parte da estratégia de desenvolvimento, entendeu? O descanso não é recompensa, é necessidade.

É direito. E é investimento também, porque, ao pegar o tempo como recurso finito para descansar, uma hora o resultado chega. Logo, vale pensar: "Poxa, agora, eu tenho trinta minutinhos; então, em vez de ficar na rede social, vou sair para caminhar com o cachorro, sem o celular". É uma questão de valorizar esse tipo de experiência, fora do campo da aceleração.

> O descanso não é recompensa, é investimento.

Inclusive, muitos atletas de elite agora levam o descanso mais a sério. Os treinadores reconhecem que o corpo não constrói músculos durante os treinos, e sim quando se está descansando e se recuperando. Da mesma forma, é mais provável que você se lembre de novas habilidades ou jogadas se estiver bem descansado. Nos esportes, como a diferença entre o primeiro e o segundo lugar pode se resumir a alguns centésimos de segundo ou um pequeno erro em uma rotina, mente clara e corpo descansado são de extrema importância.

Por isso, as equipes esportivas profissionais agora têm treinadores de sono que ajudam os jogadores a obter uma boa noite de sono durante as viagens, a se recuperar dos treinos e a criar horários para que os melhores jogadores não cheguem ao final da temporada exaustos.

A primeira vez que perguntei ao meu professor de musculação até quando tenho que contar uma série, ele respondeu que músculo não conta. A gente tem que sentir até onde é capaz de ir. Peguei isso para a vida. Parei de contar para sentir o quanto meu corpo aguenta, e isso me deu uma consciência de saber que "passou daqui eu vou forçar". Levei o aprendizado para quando estou trabalhando, para entender a hora que, se persistir, vou me violentar e machucar. Se você tentar mais um exercício com o músculo fadigado, pode se lesionar. Então, na vida, assim como na academia, não é para se machucar.

Se você parar para pensar, no campo de batalha da alta tecnologia de hoje, é mais importante do que nunca ser capaz de tomar decisões

Descansar é preciso 197

claras e rápidas, o que torna a fadiga e a perda dos limites do próprio corpo injustificáveis. Por isso, Alex Soojung-Kim Pang compilou uma lista de princípios a serem utilizados na hora de construir um descanso mais deliberado.[86]

O descanso deliberado proporciona todos os benefícios do repouso, ao mesmo tempo que contribui para o aumento da criatividade e da resolução de problemas. É o descanso que ajuda o subconsciente a pensar sobre problemas, explorar novas ideias e testar novas soluções, mesmo que a mente consciente seja desviada.

Os primeiros cinco princípios apontados por Pang se concentram nas rotinas diárias e em como podemos projetar nossos dias para abrir espaço para o descanso, fazer bom uso dele e aproveitar melhor o nosso tempo. São eles:

- **Horas focadas são melhores que longas horas.** Se você deseja realizar um trabalho de alto nível, não tente alongar o dia. Em vez disso, tente fazer o máximo possível em poucas horas. Muitas pessoas tendem a trabalhar muitas horas, até por conta da cultura empresarial envolvida, mas a estratégia mais sábia é trabalhar intensamente por algumas horas, em vez de alongar o tempo de trabalho. Para nós, isso significa buscar estratégias de trabalho intenso, mas com dias mais curtos. A outra vantagem do trabalho focado em poucas horas é que ele é sustentável ao longo de uma carreira longa. Você, aos 40 anos, provavelmente não conseguirá passar a noite trabalhando como faria aos 20 anos. Mas também não deveria precisar.
- **Camadas de períodos de trabalho focado e descanso deliberado.** Ao intercalar períodos de trabalho intensivo com pausas, permitimos que nossas mentes consciente e subconsciente trabalhem juntas na resolução de problemas. Atividades relaxantes, mas não mentalmente exaustivas, como caminhar

ou se exercitar, dão ao nosso "modo padrão" cerebral a chance de explorar soluções para os problemas que nos ocupam conscientemente. Ter uma rotina diária que inclua essas pausas pode maximizar a eficácia do descanso deliberado.

- **Combine o trabalho com seu ritmo circadiano.** Para maximizar a produtividade, é importante combinar períodos de trabalho intenso com nossos picos circadianos, ou seja, os momentos do dia em que naturalmente temos mais energia e concentração. A maioria das pessoas tem um pico de energia no meio da manhã (entre 8h e 11h) e outro no final da tarde. Portanto, é útil programar o trabalho mais intenso e que requer mais energia para esses períodos. Além disso, priorizar o trabalho mais importante no início do dia pode ser benéfico, pois tendemos a ter mais força de vontade pela manhã. Se possível, evitar longos deslocamentos matinais e usar esse tempo para trabalhar também pode ser uma boa tática.

- **Comece o dia cedo.** Iniciar o dia cedo é uma estratégia eficaz para aumentar a produtividade e o foco. Muitos escritores e profissionais bem-sucedidos, como Ernest Hemingway, começavam a trabalhar logo pela manhã, aproveitando o silêncio e a falta de distrações. Para maximizar essa estratégia, é útil se preparar o máximo possível na noite anterior, incluindo decidir o que será trabalhado de manhã e preparar tudo que será necessário. Isso não apenas economiza tempo de decisão pela manhã, mas também encoraja o subconsciente a processar ideias durante a noite.

- **Construa bons limites.** Estar sempre conectado se tornou a norma da vida moderna, mas isso pode prejudicar o descanso e a produtividade. A tecnologia permitiu que o trabalho invadisse todos os aspectos de nossas vidas, resultando em potenciais conflitos entre o trabalho e a vida pessoal. No entanto, estar sempre disponível pode levar a um desempenho pior no trabalho e a uma qualidade de descanso reduzida. É importante estabelecer e manter limites entre o tempo de trabalho e o tempo pessoal. Desligar-se e dedicar energia a outras áreas pode aumentar a produtividade, aprimorar a atitude, melhorar as relações com os colegas e elevar a resiliência.

O segundo conjunto de princípios opera em escalas de tempo mais longas, variando de semanas a anos.

- **Tire férias regulares.** Férias são vitais para o sucesso profissional e a saúde. Pessoas que tiram férias regularmente têm carreiras mais bem-sucedidas e vivem mais. Reservar um tempo para relaxar e se distanciar mentalmente do trabalho aumenta a produtividade e melhora as atitudes no trabalho. Férias curtas e frequentes são mais benéficas, com a felicidade e o relaxamento atingindo o pico no oitavo dia de férias. No entanto, os benefícios das férias desaparecem após quatro a seis semanas. Portanto, idealmente, deve-se tirar uma semana de folga a cada três meses. É importante evitar o excesso de programação durante as férias e permitir momentos de descanso e atividades prazerosas.
- **Brinque profundamente.** Pessoas que vivem uma vida longa e produtiva tendem a ter hobbies sérios ou esportes. Tais hobbies não competem com o trabalho, mas complementam. Esse tipo de atividade é conhecido como "jogo profundo". O jogo profundo é mentalmente absorvente e oferece desafios, além de recompensas familiares ao trabalho do indivíduo. Pode, ainda, proporcionar novas oportunidades para aprimoramento físico e mental, e geralmente tem alguma conexão com o passado do indivíduo. O jogo profundo não é apenas uma distração, mas uma forma de descanso ativo que contribui para a produtividade e o sucesso no trabalho.

- **Faça bastante exercício.** A prática de exercícios físicos é fundamental para a saúde física e mental. Muitas pessoas criativas e bem-sucedidas são fisicamente ativas, pois a criatividade delas é amplificada pela atividade física. O exercício melhora a atenção, a memória e a concentração, além de fortalecer o cérebro. Além disso, atividades físicas, como caminhar, podem auxiliar no processo de pensamento. Deve-se destacar que qualquer exercício é melhor para o cérebro que a inatividade, sendo essencial escolher uma atividade que seja prazerosa e possa ser realizada regularmente.

- **Durma bastante.** O sono, forma vital de descanso, não só proporciona descanso físico, mas também estimula uma atividade mental e física intensa. A mente consolida memórias e habilidades durante o sono, e o cérebro realiza trabalhos essenciais, como a limpeza de toxinas associadas à demência. Dormir mais não precisa ser apenas à noite; sonecas também são benéficas, oferecendo um aumento de energia e auxiliando na retenção de novas informações. Levar o sono a sério incentiva o planejamento eficaz do dia e pode promover práticas saudáveis, criando um ciclo virtuoso que apoia uma vida melhor e um trabalho mais eficiente.

- **Não faça tudo sozinho.** Vivemos em uma sociedade que dificulta o descanso, até mesmo competindo com ele, como evidenciado pelo CEO da Netflix, ao afirmar que a principal concorrência da empresa é o sono.[103] Aplicativos são projetados para capturar nossa atenção, mantendo-nos conectados e privando nosso tempo de descanso. A cultura social também nos pressiona a estar sempre ocupados. No entanto, é possível contrariar essa tendência. Empresas que adotam semanas de trabalho de quatro dias, proporcionando um fim de semana de três dias a seus colaboradores, descobrem que podem aumentar a produtividade e a colaboração, além de melhorar o equilíbrio entre trabalho e vida pessoal. Mesmo que a empresa como um todo não adote essa prática, as equipes podem organizar seus horários para promover trabalho mais focado e descanso adequado.

Perceba como esses princípios pontuam o que trazemos na Organização Centrada no Ser Humano e nesse reencontro com o essencial. São coisas meio óbvias, discursos que conhecemos, mas nem todo mundo faz ou tem espaço ou acesso a elas. Esse é o design de descanso – como pensar no descanso de forma ativa e deliberada.

Brincadeira de adulto

Se o descanso pode ser ativo e deliberado, atividades como hobbies, esportes e viagens são fundamentais para o aumento de qualidade de vida. Em seu livro *Rest*, Alex Pang menciona que pessoas que vivem mais costumam ter hobbies ou esportes sérios, inclusive artistas de classe mundial.[86] À primeira vista, não faz sentido: se você é apaixonado pelo seu trabalho e está trabalhando num campo muito competitivo, como pode se dar ao luxo de dedicar tempo e dinheiro a um hobby? Bem, porque os hobbies sérios não competem com o trabalho. Eles o complementam.

Esse tipo de atividade tem um nome: jogo profundo, ou *deep play* em inglês. É um conceito que Alex Pang apresenta para se referir a brincadeiras de adulto, atividades de prazer realizadas com alto grau de envolvimento e até investimento. O jogo profundo é especialmente importante para pessoas que não têm muito controle sobre seus horários, têm que trabalhar longas horas ou que amam seus empregos, mas têm propensão a ser workaholics. Para Winston Churchill, por exemplo, era a pintura. "Não conheço nada que, sem esgotar o corpo, absorva mais inteiramente a mente. Quaisquer que sejam as preocupações do momento ou as ameaças do futuro, uma vez que o quadro tenha começado a fluir, não há espaço para elas."[86]

Mas como encontrar seu próprio jogo profundo? Bem, depende da sua formação, do trabalho que você faz, do que você gosta. Contudo, ajuda saber que o jogo profundo pode ter várias propriedades, então o ideal é encontrar uma atividade que ofereça o maior número delas.

Primeiro, o jogo profundo deve absorver, oferecer desafios a enfrentar e problemas a resolver. Você pode pensar que, quanto mais simples e fácil for o hobby, melhor. Mas o descanso mais restaurador é frequentemente o ativo. Só tenha em mente que esse envolvimento não requer esforço. Mesmo que seja estimulante, torna-se mais fácil ao ser praticado.

Só tome cuidado porque um mesmo hobby pode significar coisas diversas para pessoas diferentes. Para os cientistas, a escalada oferece um contato familiar com a natureza, uma chance de pegar um grande problema e dividi-lo em muitas partes pequenas e desafios técnicos. Já os CEOs descrevem a escalada como atraente porque requer trabalho em equipe, liderando um grupo em um desafio difícil, cavando fundo e inspirando os outros.[86]

Terceiro, o jogo profundo deve oferecer aprimoramento físico e mental. Por exemplo, Nicholas Clinch refletiu sobre como o alpinismo forçou estudantes introvertidos de Stanford a assumir responsabilidades de vida ou morte. "Escalar é um negócio sério no sentido de que é possível que você morra fazendo isso", disse ele. "Você é atingido com mais senso de responsabilidade. [É uma característica que] vive pendurada em você, então você a utiliza em quase qualquer outra área da vida estudantil em que você esteja."[86] Isso pode fornecer um grau de perspectiva útil ao lidar com desafios e retrocessos; afinal, estar em situações em que sua vida está literalmente pendurada por uma corda provoca rejeições de subsídios e políticas de escritório em perspectiva.

Finalmente, o jogo profundo pode ter alguma dimensão autobiográfica, uma conexão com seu passado. O meu *deep play* é a música. Foi por meio dela que entendi o que era essa brincadeira de adulto.

Um dia, perguntei para a minha avó e para a minha mãe o que eu fazia quando era criança. Minha avó disse que eu era uma criança que vivia dançando e cantando. Além disso, sempre gostei muito de decorar músicas – é algo que não tem utilidade para ninguém, mas tenho muito orgulho de saber decorá-las rápido, e sempre foi algo que me acalmou muito, porque, como uma pessoa introspectiva, as músicas falam por mim.

Quando fui para a Califórnia, entrei em contato com a música eletrônica. Me encontrei com um DJ que mexeu muito comigo. E aí aquela forma que o DJ me atingiu me fez querer acessar essa linguagem. Como nunca aprendi um instrumento, pensei: "Isso eu quero fazer". E aí fui aprender a brincar com as músicas. Entendi que, para mim, esse espaço de troca, de uma rave, de estar na frente de um palco, de um show, é terapia em grupo. É uma hora em que você está ali solto e pode ser você mesmo, e dançar, e todo mundo é receptivo. Para aprender essa linguagem, entendi que eu tinha um processo criativo.

O processo envolvia ouvir essas músicas, selecionar, ouvir de novo, marcá-las, combiná-las, ouvi-las de novo, dançá-las, ouvir de novo, e por aí vai. Entendi uma lógica do meu processo criativo: eu levava um tempo para selecionar, um tempo para ouvir as músicas etc. E pensei: "Por que eu acelero tanto meu processo criativo para escrever um post, colocar as coisas na minha rede, entregar um trabalho, escrever um livro?". Quando entendi isso, parei de produzir como uma louca. Meu processo é lento, minha forma de criar é selecionar, estudar – exatamente o que fiz com este livro, por sinal. Ele veio de uma coleta de referências, construção da estrutura dos capítulos, reflexão sobre o que seria, muitos momentos pensando sobre ele a partir de vivências que tive, alguns questionamentos. Essa é a forma como a minha mente funciona. Então a música me fez entender muito do meu processo criativo de um interesse de ouvir música e brincar.

A pesquisadora Mariane Santana afirma que, "para resistir à pressão de ser produtivo o tempo inteiro, é essencial enxergar a utilidade do inútil".[104] Trazendo também o pensamento de Pierre Hadot, "A poesia, a música, a pintura, elas também são inúteis. Elas não melhoram a produtividade. Mas são, todavia, indispensáveis à vida. Ela nos libertam da urgência utilitária".[105]

Com isso, quero que entenda que você é muito mais você quando seu tempo é livre. Porque aí pode explorar e entender esses outros tempos e a poesia e gostosura da inutilidade.

> Nem só de obrigações há de viver um ser humano, mas de todo momento de recreio, no qual possa escolher por si a maneira com que administrará seu tempo livre. As pessoas são mais elas quando o tempo é livre.
>
> Oscar Quiroga

Permissão para descansar

Brincar, refletir, contemplar, conversar, conectar, pausar são atividades que servem como antídoto de excesso de tarefas, de estresse, de burnout, de dúvida, de dívida, de ansiedade, de pressão, que são justamente os sintomas que a desaceleração combate.

Estar ocupado não significa que você está sendo produtivo; é um mito. O descansar, o desacelerar, essa pausa, esse vazio, são importantes demais para deixar em segundo plano. É o caminho de cura. Não é descansar quando dá, não é parar quando terminar, entendeu? É parar porque *precisa* parar, porque a vida pede. É esse o shift que devemos buscar. O centro não é o trabalho: é o essencial, o cuidado, o humano. E o mundo está caminhando para essa direção.

> Legacy. What is a legacy?
> It's planting seeds in a garden you never get to see.
>
> Hamilton Musical

A missão de todo mundo que participa desse movimento da Organização Centrada no Ser Humano é facilitar a construção de uma sociedade mais harmônica. Não sou eu, Gabriela; você, leitor, leitora; e sim nós como parte de um ambiente que tem que se organizar e fazer as coisas mais sustentáveis e parar de exaurir a Terra. Somos natureza, logo estamos esgotando a natureza.

Desejo que, nos corres da vida, o descanso possa te acompanhar e te apresente os outros tempos de ser humano. Em *Sociedade do cansaço*, Byung-Chul Han fala sobre como "a mera desaceleração não produz um tempo de celebração. O tempo de celebração é um tempo que não pode ser acelerado nem desacelerado. Precisamos de uma nova forma de vida, uma nova narrativa, em que possa surgir uma nova época, um outro tempo vital, uma forma de vida que nos resgate da estagnação espasmódica".[11]

É uma caminhada – não é algo que se dá de uma hora para outra, mas que nos acompanha pela vida. Por isso é tão importante não trilhá-la a sós. Não precisa ser a sós. Porque tudo isso que vimos juntos – construir uma vida mais simples, para entender essa conexão com a energia da natureza, desenvolver processos, praticar uma conexão digital, manter-se inspirado, encaixar períodos de descanso, estabelecer recompensa, hábitos, melhorar a comunicação – é muita coisa. Por isso, convido você a estar em comunidade.

Para desacelerar, temos que fazer isso juntos. Vamos descobrir juntos – cocriar, colaborar, conectar. É difícil, é complexo, mas podemos criar um movimento de fazer menos, com mais calma e, quando nos dermos conta, as empresas que adotaram semanas reduzidas reterão os melhores talentos, o que fará com que o mercado reaja em conformidade (e, acredite, isso já está acontecendo!). Mais políticas para desconexão e descanso aparecerão por aí afora. Aos poucos, sigo esperançosa de que as realidades mudarão e de que eu possa ter saúde e disposição para acompanhar essas mudanças.

Convido você a desacelerar para podermos cuidar da natureza e das pessoas. E permitir que elas vivam os outros tempos de ser. Convido você a sair da correria para fazer revolução e poesia.

a correria é o que nos distancia...
do essencial, do fluxo, dos amores, da vida.

é no corre corre que o café esfria. que a comida queima. que o coração esvazia.
é no corre corre que promessas se quebram. que palavras se perdem. que a casa fica vazia.

no corre, o sentido se vai.
no corre, a vontade trai.
no corre, o tesão se esvai.

a correria deixa para trás o caminho onde nunca se esteve por inteiro.
e o que a correria distancia... só o cuidado pode aproximar.

assim,
só me resta perguntar:

ainda dá tempo de sair da correria, respirar...
e fazer poesia?

Considerações finais

A Organização Centrada no Ser Humano é um percurso de autoconhecimento e ação sobre objetivos e propósito de vida, que acontece por meio do pensamento do essencialismo e do reconhecimento dos ciclos da natureza, os quais levam ao desenvolvimento do mindset de organização e de práticas de (re)conexão com o eu, com o outro e com o digital.

Aqui, a Organização Centrada no Ser Humano é entendida como um processo composto por abordagem, metodologia e métodos. É um caminho que desenvolve habilidades e competências que geram comportamentos duradouros, os quais favorecem o equilíbrio para a tomada de decisão mais assertiva e harmoniosa entre o que importa na vida e a produtividade exigida pela transformação exponencial do mundo. É uma organização focada no ser humano e no contexto. O ponto-chave da Organização Centrada no Ser Humano é descobrir o que funciona de acordo com o estilo e a necessidade de cada pessoa.

Dessa forma, a Organização Centrada no Ser Humano é dividida em duas partes inseparáveis e interligadas: o *autoconhecimento* e a *ação*. Há quatro pilares importantes que sustentam esse caminho, os quais agem de maneira transdisciplinar durante todo o trajeto da organização:

- Essencialismo
- Ciclos da natureza
- Mindset de organização
- (Re)conexão

O *essencialismo* é um movimento atitudinal de contracultura no mundo acelerado e tem três pontos importantes: 1) escolher conscientemente; 2) eliminar o excesso e 3) aprender a dizer "não". O propósito é encontrar o valor do que é importante para você e priorizar na organização, tudo isso com muita consciência e intencionalidade.

Ciclos da natureza nos levam a compreender que somos natureza e, por isso, também temos ciclos naturais. Essa condição nos faz otimizar recursos que geram abundância e vida. Sendo assim, é fundamental nos organizarmos melhor conhecendo esses processos circulares em nós mesmos, o que vai desde observar nossos melhores horários de concentração até a melhor época de criação ou até mesmo de não realizar nada. É uma questão de descobrir o seu próprio ecossistema natural.

Já o *mindset de organização* coordena os processos e as práticas de organização. É um modelo mental direcionado a organizar os propósitos e objetivos das pessoas, a fim de que elas tenham adaptabilidade às mudanças da vida contemporânea.

O híbrido entre informação, mídia e nós mesmos exige do ser humano uma nova forma de compreender o mundo. Assim, a (re)conexão também é um dos pilares da Organização Centrada no Ser Humano, porque gera o equilíbrio entre o mundo on-line e o off-line, a partir da compreensão de que somos seres cíbridos organizados em rede distribuída em nós digitais, mas também analógicos e emocionais inseridos na cultura digital.

Essas são as diretrizes que guiam a Organização Centrada no Ser Humano direcionada ao autoconhecimento e à ação das práticas organizacionais, pois é nossa missão facilitar a construção de comunidades mais harmônicas e essencialistas que valorizam os principais recursos da humanidade.

A Organização Centrada no Ser Humano é um caminho cíclico, no qual há sempre uma redescoberta sobre quem a explora, levando a uma experiência de vida mais essencial, conectada com os ciclos da natureza e com práticas de organização que proporcionam o equilíbrio entre o eu, o outro e o digital.

Na prática, existem quatro etapas:

- Olhar para dentro a fim de obter autoconhecimento, descobrir necessidades, desejos, elementos essenciais da vivência e convivência. Valores, objetivos e visão se encaixam aqui. Este é o caminho de prática do pilar *essencialismo*.
- Abrir espaço para o que importa. Este é o caminho de prática do pilar *ciclos da natureza*, em que vemos rotinas essenciais, cronotipos e formas de execução de acordo com nosso ritmo.
- A terceira etapa é de processos e planejamentos, onde organizamos os propósitos e objetivos, a fim de ter adaptabilidade às mudanças da vida contemporânea. Este é o caminho de prática do pilar *mindset de organização*.
- A última etapa é experimentar ferramentas, o que significa explorar ações digitais e analógicas de busca por equilíbrio nas

práticas e vivências de vida híbrida distribuída em nós on-line e off-line.

Ao compartilhar esse caminho, ressalto o meu compromisso com jornadas de organização que valorizam o movimento centrado no ser humano integrado à natureza. Valorizam disciplina como caminho para liberdade. Valorizam atitudes autênticas. Valorizam pessoas e seus tempos de ser. Valorizam o simples e o essencial.

Agradecimentos

Foram muitas as pessoas que tornaram este livro uma realidade, e minha gratidão por todas elas é enorme. Algumas contribuíram em conversas, outras em inspirações e outras diretamente para a realização desta obra. Se eu tentasse nomear todos, correria o risco de deixar alguém de fora.

Mas aqui registro minha profunda gratidão a algumas em especial.

Obrigada, família. Vocês participaram de todas as minhas histórias e estão presentes em todos os meus passos. Obrigada pela permissão de compartilhar nossa história, que tenho certeza de que será valiosa para outras pessoas. Obrigada à minha Mainha, Vovó Salete, por me contar as histórias de nossa família em detalhes. Obrigada à minha mãe, Ana Maria, e à minha irmã, Bárbara, por ouvirem as minhas versões de título e subtítulo mil vezes, meus lamentos e dúvidas, e minhas comemorações a cada vitória. Obrigada por me ajudarem a revisar estas palavras. Obrigada pelos conselhos sempre valiosos. Obrigada por estarem comigo para o que der e vier. Eu amo muito vocês.

Obrigada a todos os amigos que, nos meses anteriores ao lançamento deste livro, perguntaram sobre ele e sobre como eu estava enquanto o colocava no mundo. Vocês sabem quem são. O apoio de vocês sempre me deu força, e sei que as comemorações dos frutos deste nascimento serão celebradas ao lado de vocês.

Obrigada Raphael Sinedino, pela parceria leve e por todo apoio e força que me deu durante a finalização deste livro.

Agradeço à Sala e à sua cofundadora, Leila Ribeiro, por desbravar as trilhas dessa metodologia comigo e construir os caminhos dessa organização humanizada. Leila chegou quando tudo ainda era mato e me ajudou a ver novos horizontes para o meu trabalho. Sou muito grata por todas nossas conversas, por todos os insights, por tudo que aprendi, desaprendi e reaprendi com ela.

Agradeço à Gabriela Ghetti, minha editora. Uma das alegrias deste livro é que ele veio do nosso reencontro e da sua confiança nesta história. Nunca vou me esquecer das portas que me abriu.

Obrigada ao mentor e parceiro de trabalho na 4 Day Week Global, Alex Soojung-Kim Pang, que me ensinou sobre o poder do descanso. Obrigada a Andrew Barnes, Charlotte Lockhart, Rebecca Roberts, Dale Whelehan, Karen Lowe e a todos os demais membros e parceiros da comunidade 4 Day Week Global que me apoiaram durante a escrita deste livro.

Obrigada à editora Benvirá pela paciência com meu processo e constante empatia e organização. Dou muito valor a trabalhar com vocês e estou feliz por lançarmos este trabalho juntos!

Obrigada à Comunidade Trilhas: membros, leitores, ouvintes e colegas da minha tribo. Vocês me dão ânimo, coragem. Vocês me dão norte. Eu fiz este livro pensando em vocês.

Finalmente, quero agradecer ao Universo, ao que de maior há. À natureza que flui para além de mim, que jorra, que floresce, que encanta, que vive. Ser parte desse todo é minha maior recompensa.

Sou, simplesmente, grata.

Referências

1. VALENTE, J. Síndrome de burnout é reconhecida como fenômeno ocupacional pela OMS. **Agência Brasil**, 2022. Disponível em: https://agenciabrasil.ebc.com.br/saude/noticia/2022-01/sindrome-de-burnout-e-reconhecida-como-fenomeno-ocupacional-pela-oms. Acesso em: 13 abr 2024.

2. PRATA, L. [Sem título]. 22 jun 2023. Instagram: @liliprata. Disponível em: https://www.instagram.com/p/Cty1k7YrJYy/?igsh=N2x5b3JmMWV2Y2Fn. Acesso em: 04 mai 2024.

3. CASCIO, J. Human responses to a BANI world. **Medium**, 2022. Disponível em: https://medium.com/@cascio/human-responses-to-a-bani-world-fb3a-296e9cac. Acesso em: 04 mai 2024.

4. FERREIRA, A. B. H. **Novo Aurélio Século XXI**: o dicionário da língua portuguesa. Rio de Janeiro: Nova Fronteira, 1999.

5. Oxford Advanced Learner's Dictionary. Oxford: Oxford University Press, 1990.

6. ALMEIDA FILHO, J. C. P. **Dimensões comunicativas do ensino de línguas**. Campinas: Pontes, 1993.

7. KUMARAVADIVELU, B. **Beyond methods**: macrostrategies for language teaching. New Haven: Yale University Press, 2003.

8. PHRABU, N. S. There is no best method: Why? **TESOL Quarterly**, v. 24, n. 2, 1990.

9. LENINE. **Paciência**. Rio de Janeiro: Sony BMG, 1999. CD (3 min).

10. EISENBAHN; DATAFOLHA. **Modo acelerado**: a relação do brasileiro com o tempo. Disponível em: https://www.eisenbahn.com.br/media/e3tnrvzq/eisenbahn_pesquisa-modo-acelerado.pdf. Acesso em: 04 mai 2024.

11. BYUNG, C. H. **Sociedade do cansaço**. Tradução: Enio Paulo Giachini. Petrópolis, Rio de Janeiro: Vozes, 2019.

12. LE CUNFF, A. L. Productivity addiction: when we become obsessed with productivity. **Nesslabs**, n/d. Disponível em: https://nesslabs.com/productivity-addiction. Acesso em: 11 fev 2023.

13. SHLAIN, T. Technology Shabbats. **Tiffany Shlain**, n/d. Disponível em: https://www.tiffanyshlain.com/tech-shabbat. Acesso em: 04 mai 2024.

14. KEMP, S. The changing world of digital in 2023. **We Are Social**, 2023. Disponível em: https://wearesocial.com/uk/blog/2023/01/the-changing-world-of-digital-in-2023/. Acesso em: 04 mai 2024.

15. FANJUL, S. C. Byung-Chul Han: "O celular é um instrumento de dominação. Age como um rosário". **El País**, 05 ago 2021. Disponível em: https://brasil.elpais.com/cultura/2021-10-09/byung-chul-han-o-celular-e-um-instrumento-de-dominacao-age-como-um-rosario.html. Acesso em: 04 mai 2024.

16. DILEMA das redes. Direção: Jeff Orlowski-Yang. Produção: Hallee Adelman e Ivy Harman. Estados Unidos: Netflix, 2020. Streaming.

17. VALEK, A. I'm too old for this shit. **Aline Valek** (blog), 16 ago. 2020. Disponível em: https://www.alinevalek.com.br/blog/2020/08/im-too-old-for-this-shit/. Acesso em: 11 fev 2023.

18. CRARY, J. 24/7: **Late capitalism and the ends of sleep**. London; New York: Verso, 2014.

19. BRASIL, G. **Trabalho e sobrecarga feminina com Marina Maia**. YouTube, 12 nov. 2021. Disponível em: https://www.youtube.com/watch?v=IVSsDFvEIvg.

20. HAWKINS, M. A. The power of boredom. **Cold Noodle Creative**, 2022.

21. SIMONE BILES: Saúde mental primeiro. Entrevistados: Marcos Uchoa e Vera Iaconelli. Entrevistadora: Renata Lo Prete. **O Assunto**, 28 dez 2021. Podcast. Disponível em: https://deezer.page.link/zDRUtx6qDqye4Fbj9. Acesso em: 05 mai 2024.

22. MASLACH, C.; JACKSON, S. E. The measurement of experienced burnout. **J. Organiz. Behav.**, v. 2, p. 99-113, 1981. https://doi.org/10.1002/job.4030020205.

23. ROSA, H. **Resonance**: a sociology of our relationship to the world. Cambridge: Polity Press, 2019.

24. MCKEOWN, G. **Essencialismo**: a disciplinada busca por menos. Rio de Janeiro: Sextante, 2015.

25. KOCH, R. **O princípio 80/20**: Os segredos para conseguir mais com menos nos negócios e na vida. Tradução de Cristina Sant'Anna. Belo Horizonte: Gutenberg, 2015.

26. SEIXAS, R.; COELHO, P. **Sociedade alternativa**. Rio de Janeiro: Polygram, 1974.

27. KELLER, G.; PAPASAN, J. **A única coisa**: a verdade surpreendentemente simples por trás de resultados extraordinários. Rio de Janeiro: Sextante, 2021.

28. WOOD, A. et al. The authentic personality: a theoretical and empirical conceptualization and the development of the authenticity scale. **Journal of Counseling Psychology**, v. 55, n. 3, p. 385-399, 2008.

29. BRETAS, A. *et al.* **Core skills**: 10 habilidades essenciais para um mundo em transformação. São Paulo: Teya, 2020.

30. Brasil lidera casos de depressão na quarentena, aponta pesquisa da USP. **CNN Brasil**, 08 fev 2021. Disponível em: https://www.cnnbrasil.com.br/saude/brasil-lidera-casos-de-depressao-na-quarentena-aponta-pesquisa-da-usp/. Acesso em: 11 fev 2023.

31. PRAZERES, M.; JORNAL DA GAZETA. O que é o movimento slow? Cortes "Pauta e Prosa". 22 dez 2023. Instagram: @midesacelera. Disponível em: https://www.instagram.com/reel/C1KnsYTPJAn/?igsh=a2F6M2hqM3ozMGpq. Acesso em: 05 mai 2024.

32. BRASIL, G. **Aprendendo organização com a natureza com Carol Freitas**. YouTube, 22 out 2021. Disponível em: https://www.youtube.com/watch?v=N35MytKTMyQ.

33. GUPTA, S. Too many women are working though their high menstrual pain instead of taking the time off they need. **FastCompany**, 24 abr 2024. Disponível em: https://www.fastcompany.com/91110759/women-work-through-menstrual-pain-deloitte-survey. Acesso em: 06 mai 2024.

34. Ritmo circadiano: o que é e como funciona. **BBC Brasil**, 01 jun 2022. Disponível em: https://www.bbc.com/portuguese/geral-61548390. Acesso em: 06 mai 2024.

35. MEDNICK, S. C. **The power of the downstate**: recharge your life using your body's own restorative systems. Carlsbad: Hay House, 2022. p. 46-51.

36. BREUS, M. Take the chronotype quiz. **Sleep Doctor**, 24 jan 2024. Disponível em: https://sleepdoctor.com/sleep-quizzes/chronotype-quiz/. Acesso em: 06 mai 2024.

37. Mednick, 2022, p. 19.

38. SANTOS, A. B. **A terra dá, a terra quer**. São Paulo: Ubu Editora, 2023.

39. Mednick, 2022, p. 101.

40. DIVERTIDA mente. Direção: Pete Docter. Produção: Jonas Rivera. Burbank: Walt Disney Studios Motion Pictures, 2015. 1 DVD.

41. SUNI, E. What is "revenge bedtime procrastination"? **Sleep Foundation**, 29 ago 2022. Disponível em: https://www.sleepfoundation.org/sleep-hygiene/revenge-bedtime-procrastination#:~:text=Revenge%20 bedtime%20procrastination%20refers%20to,popular%20on%20social%20 media3. Acesso em: 10 out 2022.

42. CHUNG, S. J.; AN, H.; SUH, S. What do people do before going to be? A study of bedtime procrastination using time surveys. **Sleep**, v. 43, n. 4, p. 267, 2020. http://doi.org/10.1093/sleep/zsz267.

43. DREYFUSS, E. You're not getting enough sleep – and it's killing you. **Wired**, 19 abr 2019. Disponível em: https://www.wired.com/story/youre-not-getting-enough-sleep-and-its-killing-you/. Acesso em: 08 mai 2024.

44. O ponto de virada na saúde mental das mulheres. **Think Olga**, s/d. Disponível em: https://lab.thinkolga.com/esgotadas/. Acesso em: 08 mai 2024.

45. PRAZERES, M. Você sabe o que é cronomeritocracia? **Michelle Prazeres**, 22 ago 2023. Disponível em: https://michelleprazeres.net/2023/08/22/voce-sabe-o-que-e-cronomeritocracia/. Acesso em: 08 mai 2024.

46. Earth Overshot Day. **Global Print Network**, s/d. Disponível em: https://www.footprintnetwork.org/our-work/earth-overshoot-day. Acesso em: 08 mai 2024.

47. FUNGOS fantásticos. Direção: Louie Schwartzberg. Produção: Alexandra Jones, Anna Getty, Bill Benenson et al. Estados Unidos: Netflix, 2019. Streaming.

48. GOMES, M. Síndrome de burnout atinge cada vez mais brasileiros. **Correio Braziliense**, 07 ago 2022. Disponível em: https://www.correiobraziliense.com.br/euestudante/trabalho-e-formacao/2022/08/5023241-sindrome-de-burnout-atinge-cada-vez-mais-brasileiros.html. Acesso em: 29 jan 2023.

49. LAMOTTE, S. Psicodélico dos cogumelos pode reativar o cérebro para aliviar depressão e ansiedade; entenda. **CNN Brasil**, 12 jun 2022. Disponível em: https://www.cnnbrasil.com.br/saude/psicodelico-dos-cogumelos-pode-reativar-o-cerebro-para-aliviar-depressao-e-ansiedade-entenda/. Acesso em: 08 mai 2024.

50. STOBBE, E.; SUNDERMANN, J.; ASCONE, L. et al. Birdsongs alliviate anxiety and paranoia in healthy participants. **Scientific Reports**, v. 12, n. 16414, 2012. https://doi.org/10.1038/s41598-022-20841-0.

51. ERICKSON, K. I.; VOSS, M. W.; PRAKASH, R. S. et al. Exercise training increases size of hippocampus and improves memory. **Proc. Natl. Acad. Sci. USA**, v. 108, n. 7, p. 3017-22, 2011. doi: 10.1073/pnas.1015950108.

52. The daily routines of famous artists and scholars. **Twisted Swifter**, 03 abr 2014. Disponível em: https://twistedsifter.com/2014/04/daily-routines-of-famous-artists-and-scholars/. Acesso em: 29 jan 2023.

53. ODARA, O. [Sem título]. 29 jan 2024. Instagram: @obinodara. Disponível em: https://www.instagram.com/p/C2sEihELmwJ/?igsh=MXJ4N2N0Z3Z2eHV6bg==. Acesso em: 12 mai 2024.

54. FRASHER, J. What is yoga? **Yoga Shanti**, fev 2022. Disponível em: https://yogashanti.com/focus/what-is-yoga/#.Y9bVLnbMLrc. Acesso em: 29 jan. 2023.

55. PAPP, M. E.; LINDFORS, P.; STORCK, N. et al. Increased heart rate variability but no effect on blood pressure from 8 weeks of Hatha Yoga: a pilot study. **BMC Research Notes**, v. 6, n. 59, 2013. https://pubmed.ncbi.nlm.nih.gov/23398959/.

56. PATEL, C.; NORTH, W. R. S. Randomised controlled trial of yoga and bio-feedback in management of hypertensional. **Lancet**, v. 306, n. 7925, p. 93-95, 1975. http://doi.org/10.1016/s0140-6736(75)90002-1.

57. JIANG, M. The reason Zoom calls drain your energy. **BBC**, 22 abr 2020. Disponível em: https://www.bbc.com/worklife/article/20200421-why-zoom-video-chats-are-so-exhausting. Acesso em: 02 fev 2023.

58. FOSSLIEN, L.; DUFFY, M. W. How to combat Zoom fatigue. **Harvard Business Review**, 29 abr 2020. Disponível em: https://hbr.org/2020/04/how-to-combat-zoom-fatigue. Acesso em: 02 fev 2023.

59. KNOSTER, T. **Reflections on inclusion at schools... and beyond**. Lewisburg, PA: Central Susquehanna Intermediate Unit, 1993. Disponível em: https://mn.gov/mnddc/parallels2/pdf/90s/93/93-ROI-TPK.pdf. Acesso em: 12 mai 2024.

60. Por um Brasil que vai além do trabalho: VAT e Ricardo Azevedo na Vanguarda da Mudança. Petição Pública, s/d. Disponível em: https://peticaopublica.com.br/pview.aspx?pi=BR135067. Acesso em: 12 mai 2024.

61. BERNARDES, A. Beyoncé e o hit Break My Soul: porta-voz da Grande Renúncia? **Great Place to Work**, 08 jul 2022. Disponível em: https://gptw.com.br/conteudo/artigos/nova-musica-beyonce-e-grande-renuncia/. Acesso em: 12 mai 2024.

62. BEYONCÉ. **Break my soul**. Parkwood; Columbia, 2022. CD; download digital; streaming; vinil. (4 min.)

63. KLOTZ, A. C.; BOLINO, M. C. When quiet quitting is worse than the real thing. **Harvard Business Review**, 15 set 2022. Disponível em: https://hbr.org/2022/09/when-quiet-quitting-is-worse-than-the-real-thing. Acesso em: 12 mai 2024.

64. PERNA, M. C. Meet the latest version of quiet quitting: 'Lazy Girl Jobs'. **Forbes**, 12 dez 2023. Disponível em: https://www.forbes.com/sites/markcperna/2023/12/12/meet-the-latest-version-of-quiet-quitting-lazy-girl-jobs/. Acesso em: 12 mai 2024.

65. Usuários tocam o celular mais de 2 mil vezes por dia. **Olhar Digital**, 13 jul 2016. Disponível em: https://olhardigital.com.br/2016/07/13/noticias/usuarios-tocam-o-celular-mais-de-2-mil-vezes-por-dia/. Acesso em: 05 fev 2023.

66. GUPTA, M.; SHARMA, A. Fear of missing out: a brief overview of origin, theoretical underpinnings and relationship with mental health. **World J. Clin. Cases**, v. 9, n. 19, p. 4881-89, 2021. doi: 10.12998/wjcc.v9.i19.4881.

67. ODELL, J. **Resista, não faça nada**: a batalha pela economia da atenção. Cotia: Latitude, 2020.

68. Distraction. In: American Psychology Association, APA Dictionary of Psychology. Washington, 2023. Disponível em: https://dictionary.apa.org/distraction. Acesso em: 04 fev 2023.

69. GAURIAU, R. Direito à desconexão e teletrabalho: contribuição do direito do trabalho francês. Estudo comparado franco-brasileiro. **Rev. Trib. Reg. Trab. 3. Reg.**, Belo Horizonte, v. 66, n. 102, p. 189-205, 2020.

70. REPUBLIQUE FRANÇAISE. LOI n. 2016-1088 du 8 août 2016 relative au travail, à la modernisation du dialogue social et à la sécurisation des parcours professionnels. Disponível em: https://www.legifrance.gouv.fr/jorf/id/JORFTEXT000032983213. Acesso em: 12 mai 2024.

71. PORTUGAL. Lei n. 83/2021, de 6 de dezembro de 2021. Diário da República n. 265/2021, Série I de 6 de dezembro de 2021, p. 2-9. Disponível em: https://diariodarepublica.pt/dr/detalhe/lei/83-2021-175397114. Acesso em: 12 mai 2024.

72. NOR, B. Burnout digital: novo fenômeno leva empresas a incentivar a desconexão. **Você RH**, 25 abr 2013. Disponível em: https://vocerh.abril.com.br/saude-mental/burnout-digital-novo-fenomeno-leva-empresas-a-incentivar-a-desconexao. Acesso em: 12 mai 2024.

73. EYAL, N. **Indistraível**: como dominar sua atenção e assumir o controle da sua vida. Cascavel: Alfacon, 2019.

74. Investimento em saúde e bem-estar traz bons retornos para as empresas. **Zenklub**, 14 ago 2020. Disponível em: https://zenklub.com.br/blog/recursos-humanos/investimento-em-saude/. Acesso em: 04 fev 2023.

75. Ações realizadas pela Rede Ebserh/MEC buscam conscientizar sobre a importância da saúde mental. **gov.br**, 31 jan 2022. Disponível em: https://www.gov.br/ebserh/pt-br/comunicacao/noticias/acoes-realizadas-pela-rede-ebserh-mec-buscam-conscientizar-sobre-a-importancia-da-saude-mental#:~:text=A%20ansiedade%2C%20por%20exemplo%2C%20atinge,a%20ansiedade%20e%20a%20depress%C3%A3o. Acesso em: 04 fev 2023.

76. DWECK, C. S. **Mindset**: the new psychology of success. New York: Random House, 2006.

77. CHAMINE, S. **Inteligência positiva**: por que só 20% das equipes e dos indivíduos alcançam seu verdadeiro potencial e como você pode alcançar o seu. Rio de Janeiro: Objetiva, 2013.

78. Workmonitor 2023. **Randstad**, s/d. Disponível em: https://workforceinsights.randstad.com/hubfs/Workmonitor/2023/Randstad_Workmonitor_2023.pdf?hsLang=nl. Acesso em: 12 mai 2024.

79. PFEFFER, J. **Dying for a paycheck**. New York: Harper Business, 2018.

80. YEUNG, P. Spain's four-day work week is a game changer. **Reasons to be Cheerful**, 03 mai 2021. Disponível em: https://reasonstobecheerful.world/spain-four-day-work-week-national-government/. Acesso em: 04 fev 2023.

81. The 4 Day Week UK Pilot Programme Results. **4 Day Week Global**, 2023. Disponível em: https://www.4dayweek.com/uk-pilot-results. Acesso em: 12 mai 2024.

82. CASTELLANOS, D. S. La semana laboral de 4 días gana espacio en Latinoamérica: ¿se puede trabajar menos y producir mejor? **Bloomberg Línea**, 17 abr 2024. Disponível em: https://www.bloomberglinea.com/2024/04/17/la-semana-laboral-de-4-dias-gana-espacio-en-latinoamerica-se-puede-trabajar-menos-y-producir-mejor/. Acesso em: 12 mai 2024.

83. KELLY, P. Use of AI could create a four-day week for almost one-third of workers. **The Guardian**, 20 nov 2023. Disponível em: https://www.theguardian.com/global-development/2023/nov/20/use-of-ai-could-create-a-four-day-week-for-almost-one-third-of-workers. Acesso em: 12 mai 2024.

84. MARKOVITZ, D. Productivity is about your systems, not your people. **Harvard Business Review**, 05 jan 2021. Disponível em: https://hbr.org/2021/01/productivity-is-about-your-systems-not-your-people. Acesso em: 12 mai 2024.

85. BRASIL, G. Decidi trabalhar 4 dias na semana. **Gabriela Brasil**, 25 out 2019. Disponível em: https://gabrielabrasil.com/decidi-trabalhar-4-dias-na-semana/. Acesso em: 12 mai 2024.

86. PANG, A. S. **Rest**: why you get more when you work less. New York: Basic Books, 2018.

87. PANG, A. S. **Shorter**: work better, smarter, and less – here's how. New York: PublicAffairs, 2020.

88. Pesquisas comprovam que o cérebro precisa de intervalos. **Microsoft**, 20 abr 2021. Disponível em: https://news.microsoft.com/pt-br/relatorio-de-atuacao-investigacao-do-cerebro/. Acesso em: 14 mai 2024.

89. NEIVA, L. Alex Soojung-Kim: "A recompensa do sucesso não é descansar, mas trabalhar ainda mais". **Gama**, 17 dez 2023. Disponível em: https://gamarevista.uol.com.br/semana/vai-conseguir-descansar/alex-soojung-kim-trabalho-descanso-semana-quatro-dias-uteis/. Acesso em: 14 mai 2024.

90. ESTADÃO CONTEÚDO. No Brasil, 9,5 milhões de pessoas trabalharam remotamente em 2022. **Exame**, 25 out 2023. Disponível em: https://exame.com/carreira/no-brasil-95-milhoes-de-pessoas-trabalharam-remotamente-em-2022/. Acesso em: 14 mai 2024.

91. GRAHAM, P. Maker's schedule, manager's schedule. **Paul Graham**, jul 2009. Disponível em: https://paulgraham.com/makersschedule.html. Acesso em: 14 mai 2024.

92. Você consome 34 gigabytes de informação por dia. **Super Interessante**, 24 fev 2010, atualizado em 31 out 2016. Disponível em: https://super.abril.com.br/comportamento/voce-consome-34-gigabytes-de-informacao-por-dia/. Acesso em: 05 fev 2023.

93. YOUPIX. **Cibridismo**: o fim do mundo offline. YouTube, 19 ago 2011. Disponível em: https://youtu.be/apyFQEUUTPA. Acesso em: 14 mai 2024.

94. LEVY, P. **Cibercultura**. São Paulo: Editora 34, 1999.

95. SELWYN, N. **Apart from technology:** understanding people's non-use of information and communication technologies in everyday life. School of Social Sciences, Cardiff University. 2003. Disponível em: https://www.science-direct.com/science/article/abs/pii/S0160791X02000623. Acesso em: out 2020.

96. CONTER, L. Mas e se aparecer alguém melhor? 21 fev 2024. Instagram: @laisconter. Disponível em: https://www.instagram.com/p/C3nmoLKu2lv/?igsh=anl3OXh1NjFqbTQ3. Acesso em: 14 mai 2024.

97. HOOKS, B. **Tudo sobre o amor**: novas perspectivas. São Paulo: Elefante, 2021.

98. HAN, B. C. **Não-coisas**: reviravoltas do mundo da vida. Petrópolis: Vozes, 2022.

99. SUY, A. **A gente mira no amor e acerta na solidão**. São Paulo: Paidós, 2022.

100. HONORÉ, C. **Devagar**: como um movimento mundial está desafiando o culto da velocidade. Rio de Janeiro: Record, 2019.

101. NEVES, B. Estamos cultivando relações descartáveis? **Gama**, 29 ago 2021. Disponível em: https://gamarevista.uol.com.br/semana/o-que-e-descartavel/relacoes-afetivas-descartaveis/. Acesso em: 05 fev 2023.

102. EWE, K. Inside the Space Out Competition where people do nothing. **Vice**, 04 jun 2021. Disponível em: https://www.vice.com/en/article/y3dwky/space-out-competition-korea-zen-do-nothing. Acesso em: 14 mai 2024.

103. JORNAL AURORA POPULAR. Maior concorrente da Netflix é o sono, diz CEO. **Medium**, 24 out 2022. Disponível em: https://medium.com/@JornalAuroraPopular/maior-concorrente-da-netflix-%C3%A9-o-sono-diz--ceo-c56d5e149890. Acesso em: 14 mai 2024.

104. SANTANA, M. C. [Sem título]. 25 jan 2024. Instagram: @marianecsantana. Disponível em: https://www.instagram.com/p/C2hysAyudMG/?igsh=YmwwbHE0bG5uNWQ2. Acesso em: 14 mai 2024.

105. HADOT, P. **Exercícios espirituais e filosofia antiga**. Tradução de Flávio Fontenelle Loque e Loraine de Fátima Oliveira. São Paulo: É Realizações, 2014. p. 328.